Мутабази Секимонио

# Выброшенный за борт: по этим причинам

## Экономический джихад



Drugoe Reshenie

**Imprint**
Any brand names and product names mentioned in this book are subject to trademark, brand or patent protection and are trademarks or registered trademarks of their respective holders. The use of brand names, product names, common names, trade names, product descriptions etc. even without a particular marking in this work is in no way to be construed to mean that such names may be regarded as unrestricted in respect of trademark and brand protection legislation and could thus be used by anyone.

Cover image: www.ingimage.com

Publisher:
Drugoe Reshenie
is a trademark of
International Book Market Service Ltd., member of OmniScriptum Publishing Group
17 Meldrum Street, Beau Bassin 71504, Mauritius

Printed at: see last page
**ISBN: 978-613-8-38233-1**

**Мутабази Секимонио**

# Выброшенный за борт: по этим причинам

# Выброшенный за борт:
## ПО ЭТИМ ПРИЧИНАМ

## *Экономический джихад*

Д. М. Секимонио

Редакция и внутренний дизайн: Тара Казимир.

Перевод: Святослав Альбирео



Включено в следующие разделы и индексы:

1.Этосизм 2. Политическая экономика варварства 3. Капитализм 4. Теория Воздержания 5. Здравый смысл

# Содержание

**Новый завет**

«Если вы собираетесь сказать людям правду, лучше их рассмешить. Иначе они убьют вас».
— Человек

## Письмо маме Винсента

«Существует общая тенденция игнорировать бедных или педалировать идею успеха удачливых».
— Джон Кеннет Гэлбрейт

Дорогая Мама Винсента,

если это письмо станет для тебя неожиданностью, то ты и не представляешь, какое глубокое впечатление произвела на меня наша встреча. То, что я обратил внимание на то, чем поражен весь мир, спасло меня и мою жену от бессознательного погружения в океан абстрактных явлений. Я искренне рекомендую тебе взять на себя полную ответственность за неудачные решения, которые ты принимала в своей жизни, но было бы глупо верить в то, что твои промахи — это главная причина того, какова твоя жизнь. В действительности, с самого твоего рождения, обстоятельства уже были против тебя, и я знаю, как твоя часть мира беспощадна к одиноким неграмотным матерям. Я бы легко мог стать Винсентом, если бы я жил на руках у матери.

Дорогая, за твоей красивой улыбкой и радостным смехом я увидел мучительную боль. У тебя все еще впереди вся жизнь. Ты не должна стать той безымянной тенью, предавшей свои большие мечты и устремления. И тогда, держа Винсента в объятиях, под смущенными взглядами проходящих мимо полицейских, я на мгновение разделил твои агонию и отчаяние.

Относительно того, что ты описывала своего сына Винсента, как причину жить. Большинство молодых людей твоего возраста бросают такие острые заявления симпатичному юноше или девушке, с кем у них, как они считают, родство душ, и с которыми они расстаются по какой-то пустячной причине, с легкой досадой, а то и без нее. Хуже того, это восстание против взрослых умаляет смысл жизни до эфемерного получения эмоций. Тем не менее, я не могу игнорировать, что твоя реальность в Кении далеко не такая, как у людей в моем нынешнем мире.

Ты призналась нам в том, что временами чувствуешь безнадежность, чувствуешь себя неприкасаемой, ползущей по улицам в оживленном городе Найроби, который решил криминализовать нищету. Неудивительно, что нулевая толерантность Найроби к этому пороку создала самую большую свалку бедных во всем восточном регионе Африки, в трущобах Киберы. Это ужасно, но я должен сказать, что есть другие Киберы и места похуже на этой удушающей голубой планете, хотя это, конечно, не утешит тебя.

В моих путешествиях я видел бесчисленное количество молодых матерей со своими детьми, которые попрошайничали по всей Демократической Республике Конго и на каждом углу в Аддис-Абеба в Эфиопии, и мужчин в выцветших мундирах, клянчивших мелочь на главных улицах вымирающих городов на всей территории Соединенных Штатов Америки. Я ездил в путешествие с целью исследования и слышал о трудностях, пережитых бразильцами, живущими в городе Божьем; жителями трущоб Жалюзи, в Порт-о-Пренсе, на Гаити до и после разрушительного землетрясения; румынами в Благоевграде, в Болгарии; русскими в гетто Твери; преследуемыми в Хаелитше, в Южной Африке, и бедными в Коулун-Уолл-Сити, в Гонконге, в Китае. [SG2] Я был удивлен стойким равнодушием жителей к преступности и бедности в таких городах, как Детройт в США и Сан-Сальвадор в столице Сальвадора. И с грустью могу утверждать, что во всем мире есть миллиарды людей, как ты, у которых вся жизнь проходит в нищете, которые испытывают голод, у которых нет крыши над головой, с которыми жестоко обращаются и, которые, скорее всего, закончат в полиции.

Мы с Тарой хорошо знаем, что несколько кенийских шиллингов, которые мы дали тебе, хватит всего на пару дней скудного питания и ночлега. После, тебе и Винсенту, вероятно, придется вернуться на грязные улицы Найроби, чтобы выживать по милости других сострадательных душ. Нам очень жаль, что мы не смогли спасти вас и других от этого кошмара.

Проходя мимо, отдавая свои свободные деньги людям, ослепленным и задушенным страданиями, я спрашиваю себя постоянно: «Что еще я могу сделать?!» Истории о неравенстве рассказывали уже столько раз.

Тем не менее, я решил перевести дискуссию на новый уровень, который мог бы дать Винсенту и другим невинным детям, подобным ему, шанс на достойную жизнь. Моя мантра заключается в том, что у Винсента должна быть не просто крыша над головой, а дом, не просто вода, а чистые напитки, и не просто еда, а здоровая еда, не просто классная комната, но качественное образование. И все эти факторы должны, в конечном итоге, привести его не только к работе, но, по меньшей мере, к достойному вознаграждению за его навыки и способности. Что-то меньшее следует расценивать, как провал человечества и бесконечную трагедию.

Искренне твой,
Д. М. Секимонио

Самозванные гуру заморочили капитализм, социализм и коммунизм экономическими ухищрениями. Эти пафосные шулерские выматывающие мелодраматичные экономические тет-а-теты были не чем иным, как наживкой. Эта книга возвращается к реальной сущности капитализма, социализма или коммунизма, воплощению социальности, коммерции, торговли и политических убеждений.

# Благодарность

«Если хочешь изменить мир, бери ручку и пиши».
— Мартин Лютер Кинг мл.

Тара и я встретились в Тампе, во Флориде, она строила карьеру, проводя долгие часы на ногах, но это давало финансовую безопасность, о которой мечтали ее родители, иммигранты с Гаити. Напротив, я был безумным хиппи-идеалистом, которого старик считал странным. Каким-то образом я смог убедить ее выпрыгнуть из ее стабильной и яркой банальной жизни, чтобы присоединиться ко мне на темной стороне. Что было у нее в голове, чтобы поставить на меня и образование? Путем дьявольских ухищрений мы переехали в северо-восточную часть Соединенных Штатов, какое облегчение.

По крайней мере, наш первый снежный день был интересен. Впервые Тара подарила мне «взгляд серийного убийцы», держа острый нож, и минуту молчала. Я бы предпочел истерику, чем тихо растущую пропасть между «у нас столько общего» и «у нас ничего общего». К тому же я знал, моя прекрасная жена была сыта моими проповедями и воплями о глобальной социальной, торговой и коммерческой деятельности, а также о политическом бессилии и, более того, о моих планах представить миру то, что, по моему мнению, является лекарством. Конечно, я исписал газиллионы бумаг, которые лежали, как мертвые листья на полу нашего офиса, но мне никак не хватало самодисциплины и силы воли закончить рукопись. Друг семьи даже предположил, что я помещаю свои идеи в книгу, чтобы собрать последователей. Создать культ? Нелепая идея в то время. Настолько же нелепая, насколько болезненным было признание, что Тара права. Я много лет разговаривал разговоры, иногда ходил-бродил, или, в моем случае, писал писанину. Почему название этой книги не «Экономический кодекс Гигас»? Ну, Нассау Сениор опередил меня, написав книгу об экономическом дьяволе. Выброшенные за борт? Экономический джихад? Ваш ленивый ум придет к неизбежному выводу прямо сейчас. Держите лекарства под рукой в этом путешествии, эта книга выкапывает давние проблемы, что поколения ленивых экономистов и их школ подавляли или смотрели на них неправильно на протяжении двух столетий. Это не подпольная пародия, не бессердечная демонстрация доблести, а настоящая и провокационная диссекция нашего мира и экономической дисциплины.

Помимо выражения гнева и беспокойства, я должен выразить благодарность людям, которые сидят рядом со мной в пыльных автобусах во время моих частых изнурительных поездок и с которыми у меня случались одни из самых запоминающихся дискуссий о моем существовании. Среди них глава университета, у которого были очень суровые слова для лауреата Нобелевской премии по экономике Мильтона Фридмана, за то, что он происходил из скромной еврейской семьи из Нью-Йорка, и «превратился в мудака» (его слова). А также, мое особое спасибо друзьям и врагам, которых вело жадное желание доказать, что мои идеи безумны, вы помогли мне укрепить мои аргументы и убеждения. Я люблю вас, дамы и господа.

Больше всего я благодарен моей жене, моей сообщнице, за ее чрезмерную, но эффективную тактику, которая помогла мне выполнить сложную задачу написания этой книги.

Актуальность неортодоксальной экономики более, чем когда-либо подвергается угрозе. Уже был отменен ряд неортодоксальных экономических программ. Если институты, которые придерживаются этой школы экономической мысли, останутся на месте и не будут выпускать экономистов, которые бы стремились стать успешными теоретиками, мыслителями, прагматиками, и обращали внимание на людей, они быстро устареют в этом глобальном мире академической науки с высоким уровнем конкуренции. Конец неортодоксальной экономики также может быть лучшим выходом для возрождения институционализма или даже лучше, для принятия и распространения институтов этосизма[1], более ясного и актуального морального источника.

---

[1] Этосизм – термин придуманный автором. Система основанная на высоких моральных и этических нормах. Положения этосизма изложены в этой книге. По предположению автора это решение экономических проблем.

# Социальность

# Интерлюдия 1

«Наш глубочайший страх заключается не в том, что мы не соответствуем. Наш глубочайший страх в том, что мы сильны сверх меры. Наш свет, а не наша тьма, больше всего пугает нас. Мы спрашиваем себя: кто я такой, чтобы быть сверкающим, великолепным, талантливым и невероятным? На самом деле, а кто ты, чтобы им не быть? Ты — дитя Бога. Твоя ничтожность не служит миру. Нет ничего благородного в умалении себя, ради того, чтобы другие люди не чувствовали себя неуверенно рядом. Мы родились, чтобы проявить славу Бога, которая внутри нас. Не в некоторых из нас, во всех. И когда мы позволяем нашему свету сиять, мы бессознательно даем другим людям разрешение делать то же самое. Когда мы освобождаемся от собственного страха, наше присутствие автоматически освобождает других».

Эта вдохновляющая цитата Марианны Уильямсон из ее книги «Возвращение к любви: размышления о принципах дороги чудес», Харпер Коллинз, 1992 год. Глава 7, раздел 3 (стр. 190–191). Несмотря на то, что Нельсон Мандела никогда не произносил эту цитату в своей вступительной речи в 1994 году, для моего поколения она всегда привязана к этому человеку. Если что-то и можно объективно сказать одним предложением о президенте Южной Африки, так это то, что его трусливо радужный подход при расторжении апартеида[2] сделал его белым южноафриканским буржуазным чемпионом. И, конечно, если просто попытаться взглянуть на него как на человека, который провел двадцать семь лет в тюрьме, не прося своих хозяев простить его и не ломая черепа другим заключенным, по сути, он заслуживает того, чтобы стать тем мифическим воплощением силы убеждения, которая служит примером характера, необходимого для борьбы с общественностью, коммерцией, торговлей, и политическим неравенством. *Есть ли лучший способ попасть в следующую фазу этой экспедиции?*

---

[2] официальная политика расовой сегрегации, проводившаяся правившей в Южно-Африканской Республике с 1948 по 1994 год Национальной партией. Сегрегация по любым признакам может также называться апартеидом по аналогии с исторической сегрегацией в ЮАР

ГЛАВА ПЕРВАЯ

# Введение

«Искусство — это попытка интегрировать зло».
— Симона де Бовуар

Я не слушаю компакт-диски. Я проигрываю старые мелодии на виниле. Высматриваю в старых магазинчиках Сэма Кука, Вендо Колосоя, Телониуса Монка, Эдуардо Санчеса де Фуэнтеса, Джимми Роджерса, Пресловутого Би Ай Джи, Михаила Глинку, Мариам Макебу, Нану Маскури, Фелу Кути, Клода Дебюсси, или Сергея Сергеевича Прокофьева, который успокаивает так же, как йога. Я ценю аутентичные перуанские фольклорные музыкальные биты и монгольскую инструментальную музыку больше, чем поп-певцов или выставки потертых и необычных скрученных ложек. Любая форма выражения, которая перестает быть опытом и становится формой искусства, теряет свою светящуюся божественность. В том же духе эта книга — это опыт, а не художественное акробатическое упражнение, предназначенное только для просмотра, чтобы напомнить вам, что оно существует.

Меня вычеркнули из салонных встреч экономистов, безосновательно решив, что я воплощение Фердинанда Лассаля[3]. Широкая общественность ошибочно связывает статус-кво по экономическому анализу с антикапиталистической бравурой, основанной на острой паранойе книги Карла Маркса «Капитал». Если вы не верите мне, попробуйте пролить свет на самые уродливые грани капитализма, и бам, вы подвергаетесь остракизму со стороны общества, как коммунист. Подводя разговор к новой надежной альтернативе свободному рынку, вас напугают одни только взгляды самопровозглашенных реинкарнаций Маркса. Что уж говорить о петушиных боях между божествами капитализма нашего времени? Вам, наверняка, так же противно, как мне, находиться на этих клоунских шоу, которые игнорируют суть диалогов экономической несостоятельности. Мои призывы могут превратиться в цунами, но в нашей жизни есть и другие события, небольшие на первый взгляд, но затем оказывающиеся очень значительными.

Во время транзита, в Международном аэропорту Кеньятты в Найроби, в Кении, пока я ждал

---

[3] Немецкий философ, юрист, экономист и политический деятель.

возвращения в Соединенные Штаты, меня однажды спросили, кем я хочу быть, когда вырасту. Мужчина сидел прямо напротив меня. Ему было около семидесяти. Я мог бы сказать по его особенностям и акценту, что он из Руанды, сын той нации, о которой доклады госбезопасности пишут, что именно эта нация, вдохновители всех политических и социальных ужасов моей страны. Вы можете понять мою ярость после того, как меня проинформировали о том, как Руанда оказала финансовую и военную поддержку садистским бандгруппам, а затем, Руанда непосредственно разграбляла конголезские природные ресурсы и косвенно стала центром торговли недрами.

В тот день меня преследовал один вопрос, сколько ударов и человеческих смертей пришлось бы еще пережить Демократической Республике Конго, до того, как мир скажет: «Достаточно?» Я с гневом ответил ему, смело и прямо:

— Я хочу стать лидером Демократической Республики Конго.

Он пытался сдержать смех и спросил, что бы я сделал для Конго? В конце концов, моя родная страна пережила более полувека экономического и социального хаоса. Сначала я беззаботно изложил свои идеи. Он сдернул очки и попросил меня подробнее рассказать о моем плане. Нечего сказать, чем больше я говорил, тем наивнее и глупее это звучало. В конце концов, я не смог сформулировать свое видение, потому что я никогда серьезно не думал об этом подробно. Вся моя схема не выдержала никакой проверки. Случайный разговор превратился в акт унижения.

Эта книга основывается на экономических дисциплинах, создаваемых беглыми художниками и математиками более двух столетий. Совершив всевозможные ошибки, экономисты взорвали на миллион маленьких кусочков Святой Грааль — классическую Теорию стоимости труда[4] и лишили гуманизм и реальный мир теоретических основ. Затем они с болью сшили некоторые кусочки, используя патетические предложения, как временное положение. В заявлении марксиста Фреда Мозли есть определенная правда, что экономическая академическая система построена для того, чтобы вознаградить людей, которые придерживаются господствующего направления. Есть хороший человек — экономист Сюичи Йокой, лишенный славы и богатства, скрывающийся в джунглях Южного Хэдли, в Массачусетсе. Он твердо верил, что его бывшие

---

[4] В процессе развития экономической теории возникало немало дискуссий о теории стоимости, сформулировано множество концепций, теорий. Но ни одна не получила абсолютного признания, поскольку все они характеризовали различные аспекты стоимости в процессе ее эволюции. Одной из наиболее распространенных является трудовая теория стоимости, проводимая представителями классической политической экономии Вильямом Петти, Адамом Смитом, Давидом Рикардо, а позже завершена основоположником нового направления в политической экономии Карлом Марксом.

товарищи однажды вернутся к нему, и вместе они начнут последнее нападение на капитализм. Увы, просто избиение ортодоксии за неумелость их теории не может ни восстановить классическое видение эффективного рынка, ни привести нас к Земле Обетованной.

Я начал эту книгу с личного письма к Маме Винсента. Она — мать-одиночка, попрошайка, которую мы с женой встретили в центре Найроби, в Кении. В какой-то момент мне пришлось подержать Винсента на руках, чтобы полиция отстала. Мой статус туриста в Кении оградил Винсента и его мать от полицейских домогательств, город Найроби принял постановление о криминализации нищеты, вместо войны против неравенства. Этот апартеид современной эпохи не привлекает внимания, потому что угнетенные и угнетатели имеют одинаковый цвет кожи. Многие другие города принимают тот же безумный подход и живут так, это не коснется расового или этнического вопросов.

В детстве я был уверен, что социальное, коммерческое, торговое и политическое неравенство диктуется законом природы, кто-то должен был быть бедным, чтобы быть слугой богатых! В середине 90-х богатые конголезцы искали на западе убежища от гражданской войны. Я стал свидетелем того, как в мгновение ока большинство из этих семей потеряли привычный образ жизни. После двадцати лет в изгнании, даже самые могущественные генералы и близкий круг бывшего президента постепенно поддались калечащей нищете. Неудивительно, что некоторые бароны и крестоносцы прежнего режима поползли обратно домой и сейчас активно участвуют в новой системе паразитов. Мой мудрый южноафриканский друг ссылался на закон природы, чтобы объяснить этот цикл: «Змея всегда остается змеей!»

Я лично заявляю, и это проклятая универсальная истина, что люди, как и народы, больше заботятся о себе, пока удача от них не отвернется. Как например с движением «Захватим Уолл-стрит» после того, как американцы были потрясены крушением своей мечты о доме с белым забором, а обычные трудяги увидели, что их пенсии полностью уничтожены несколькими жадными проходимцами. Другим показательным примером является небольшая группа российских олигархов, которые выпали из милости Владимира Путина и теперь не могут удержаться и не проповедовать справедливость и равенство из своей золотой ссылки в Лондоне. Что можно сказать о европейских странах, жонглирующих внешним долгом, который выше, чем стоимость самой страны (валовой внутренний продукт)? Добавьте к этой картине Бразилию, Россию, Индию и Китай — страны БРИК, которые парят на своем экономическом росте за счет страданий Матери-природы. Добавьте к этому арабское поколение *Facebook*, которое больше не довольствуется крошечным кусочком своего национального богатства, хотя меньшинство в это время дерется за остатки, пытаясь добраться до кормушки.

Эти недавние пузырящиеся вулканы должны пробудить наше чувство, сподвигнуть переступить рамки, разрушить статус-кво. В двадцать первом веке унылые речи экономистов «все будет хорошо, пока мы останемся на текущем курсе и немного подмажем старые колеса капитализма», давно потеряли свою силу и актуальность. Более, чем когда-либо необходимо инициировать культурную революцию и разработать реальную альтернативу господствующей жестокой и примитивной социальной, коммерческой, торговой и политической системе, которой является капитализмом.

Гремучая смесь в моем сознании вскипела из обычной задачи, стоящей перед каждой нацией на этой умирающей планете: социальная, коммерческая, торговая, и политическая несправедливость (с этим согласен любой). Это результат болезненного крестового похода, с целью обнаружить прагматичный способ сделать эту пропасть меньше. Не судите, заранее, я не настолько безумен, чтобы призывать вернуться в седло любой из мертвых лошадей. Социализм и коммунизм потерпели неудачу, но теперь капитализм заставляет потерпеть неудачу нас.

Есть много сложных темных лабиринтов, через которые проведет вас эта книга. Я твердо верю, что экономисты должны перестать ставить религию и медицину главными целями раскрытия тайн неестественного и естественного, одновременно утешая нас или злоупотребляя нами. Ответственность за экономику заключается в том, чтобы найти средства для выравнивания, насыщения и накопления, а не объяснять происходящее пространными рассуждениями. Вместо этого модно просто прославлять социально-экономическую асимметрию.

Я отметил скептицизм в отношении того, будут ли когда-либо работать какие-либо социальные, коммерческие, торговые и политические формы, кроме капитализма. В настоящее время люди не понимают, что капитализм является частью парадигмы, основанной на варварских социальных нормах и практиках. Вероятно, это верно, когда социальное устройство доминирует в области столько, сколько доминирует капитализм, легче забыть, что существуют или могут быть построены другие модели, которые руководствуются другими целями и задачами. Когда мы начинаем верить, что есть только один способ сделать что-то, мы попадаем в опасную ловушку.

Где та волшебная книга, чтобы узнать, как снять заклятье? Как бык в ярости, из-за неверия друзей и коллег, я резко прервал свою перспективную карьеру в области интеллектуальной проституции и занялся тем, что казалось академическим бродяжничеством. Моя первоначальная задача состояла в том, чтобы проследить всю систему торговли начиная с бухгалтерского учета, переходя к управлению финансами и, в конечном итоге, перейти к экономике. Когда я размышлял о запланированном последнем этапе моего путешествия, меня тошнило от экономических «гуру», которые тратили все время, на заявления о случайной корреляции, чтобы произвести впечатление на публику, а не на то, чтобы ясно и кратко объяснить социальные, коммерческие, торговые и политические механизмы и средства защиты от глобальных экономических проблем. К сожалению, ленивость этих ораторов формировала точку зрения аудитории. То, каким опытом я могу поделиться с теми из вас, ребята, кто будет исследовать сегодняшнюю доминирующую форму коммерции и торговли, капитализма, не вызовет приятной реакции, вам придется быть готовыми выдержать нападки бредовых маккартистов, как мне обычно.

Я оставил класс неряшливых умников ленивцев-интеллектуалов и политиков, которые ходили на цыпочках вокруг да около насущных вопросов. Вместо этого ты, читатель, и я поплывем против течения. Главы с первой по шестую — это примеры против нынешней социальной, коммерческой, торговой и политической системы, а также политического статус-кво — капитализма. Если вы дочитаете до седьмой главы, то крепко держите меня за руку, читая дальше, главы с восьмой по десятую, где меня погребают подсознательные основы капитализма. Вдумчиво изучите одиннадцатую главу и приготовьтесь к сильному удару в лицо. На заключительном аргументе главы двенадцатой следуйте рекомендации Джеймса Тобина: «Хорошие труды по экономике содержат сюрпризы и стимулируют дальнейшую работу».

Что дальше? Я сделал эту книгу более легкой для чтения, чем сжигание жира. Каждая глава начинается с цитаты, давая вам понять, чего ожидать и вставленной «интерлюдии» между партиями, чтобы привлечь молодых читателей с дефицитом внимания и сделать чтение интереснее для литературных энтузиастов. Я признаюсь людям, которые ожидают красочных карт и цифр, и экономистам, пристрастившимся к кетамину[5] (эти их математические модели), я искренне сожалею, что подвел вас. Одно можно сказать наверняка, я никогда не опускал рук. И да, я не тратил впустую свою энергию на споры экономистов двадцатого века. Вам не нужно пробовать навоз, чтобы понять, что это навоз, зловония лжи достаточно, чтобы опознать ее.

Написать книгу, это как оказаться голым перед большой аудиторией. Я всегда был к этому готов. Но моя постоянная внутренняя борьба, пока я проходил через этот опыт, заключалась в том, чтобы синхронизировать ум и сердце. Мне пришлось преодолеть соблазн писать только про страсть или про

---

[5] NMDA-антагонист, применяемый в качестве средства для наркоза в медицине и ветеринарии. Реже используется как обезболивающее и для лечения бронхоспазма. Является также диссоциативным веществом

разум. И интенсивность, и точность необходимы в моем деле создания новой концепции. Помните, что в жизни страсть без разума — это пустая трата энергии, а разум без страсти — тупик.

Одна выдающаяся душа, Свами Вивекананда, часто говорил прекрасную вещь: «Возьмите идею. Сделайте эту идею своей жизнью — думайте об этом, мечтайте об этом, живите ею. Пусть мозг, мышцы, нервы, каждая часть вашего тела, наполнятся этой идеей, отбросьте все остальное. Это и есть путь к успеху».

В один прекрасный день мир может узнать о том, скольким я пожертвовал, чтобы развить эту идею, о которой я искренне забочусь, о решении серьезной мировой социальной, коммерческой, торговой и политической несправедливости. Эта книга была бы напрасной, если бы не предоставила полноценную альтернативу капитализму, средство, которое могло бы справедливо исправить ошибки социально сознательных экономистов. Пришло время вернуть диалектический анализ, не вызывая старых экономических демонов. Прежде всего, я надеюсь, что эта книга стимулирует ряд людей к обсуждению и дальнейшему развитию решения, предложенному в этой книге, или творчески даст жизнь пути отличному от капитализма. *И пусть Уильям Годвин*[6] *упокоится, наконец, в мире.*

---

[6] Английский журналист, философ и романист, один из основателей либеральной политической философии и анархизма.

ГЛАВА ВТОРАЯ

# Камикадзе

«Я самый мудрый из живущих, потому что я знаю одно, что я ничего не знаю».
— Сократ

Несколько лет назад, я шел по захламленной и убогой улице Аддис-Абебы, в Эфиопии, вид хрупкой юной матери и спавшего грязного ребенка, завернутого в кусок ткани, который сидел у нее на спине, мгновенно вернул мой разум обратно в мое интеллектуальное поражение «Ватерлоо» в Международном аэропорту Кеньятты в Найроби. Именно тогда меня осенило — Эврика! Хотя в тот день я уже отошел от своих исследовательских американских горок, в попытках сформулировать лекарство от разделения на социальные классы, которое мучает каждое общество.

После этого я вложил время, деньги и силы, пытаясь получить реальное представление о проблемах, с которыми сталкиваются люди во всем мире. С этой целью мы с Тарой путешествовали столько, сколько могли, много читали и часами просиживали перед экраном, смотря документальные фильмы. Один из моих крестовых походов провел нас по странам Африки через Сахару и Восточный регион (юго-восточная Африка — ЮВА), и мы были поражены многочисленными проблемами региона, которые выходят за рамки географических границ. Главной особенностью ЮВА является экзотическая мамба с двумя головами: коррупция и репрессии. Вы можете обвинять некомпетентные правительства региона, которые, в сущности, просто аппарат консолидации власти и богатства нескольких правящих семей. Короче говоря, общественные службы в этом регионе — ужасная насмешка.

Многие указывают на организованный хаос ЮВА, эти ужасные методы управления являются либо проектами стран ЮВА, либо навязываются им извне, как я подозреваю, чтобы препятствовать внутреннему и региональному развитию. Путешествуя по разным городам в западном полушарии, я заметил ту же гангрену, что и в африканских или латиноамериканских странах. Серьезно, можете ли вы представить, штат Иллинойс в Нигерии, когда бывшего губернатора Рода Благоевича отправили за решетку за попытку продать сорок четвертому президенту США Бараку Обаме, бывшее сенаторское кресло? БРИК раздул эпический скандал. Я не большой поклонник футбола, но я ожидал, что бразильские подрядчики будут издеваться над чемпионатом мира по футболу 2014 года из-за несообразно дорогих стадионов и мостов, которые обрушивались до и во время священного праздника. Что можно сказать о скандале на юге Китая, в Хэнъяне, который вызвал отставку почти всех руководителей Народного конгресса города? Небрежность и халатное отношение к ресурсам, чувство безнаказанности лидеров приводят к глобальным беспрецедентным уровням финансовых растрат.

«Случайная прогулка по сумасшедшему дому показывает, что вера ничего не доказывает».
— Фридрих Ницше

В моем туре по миру бедных я встречался с учениками из западных стран, которые готовились к поездкам с миссиями, чтобы улучшить резюме или повысить свои шансы на поступление в престижный университет. Я вспомнил, что и сам ставил в рамочки прекрасные фотографии знаменитостей, самых популярных, или представителей благотворительных организаций, которые так сильно хотели «спасти людей» (хотя иногда больше животных, чем людей). Безумие — это ничто по сравнению с выпускниками социальных факультетов или экономического развития, которых я считал лучшей частью человечества, и которые оказались наивными людьми, которые видят себя чудотворцами и благотворителями стран третьего мира. Несмотря на то, что эти люди талантливы, недостатки кроются в их концептуальном подходе — это фанатичный взгляд на проблемы и потребности менее развитых стран. Они основывают свои модели развития на глубоко укоренившейся страсти к капитализму и чувстве культурного превосходства. Этот менталитет напомнил мне афоризм «если единственный инструмент, который у вас есть, это молоток, все начинает выглядеть как гвоздь».

Что заразнее для бедных наций, чем западная ушлость? Иммигранты из стран, забытых богом, люди в добровольном рабстве, восторженные конформисты, имеющие мало-мальские современные удобства, и западную жажду жизни, которую они приобрели, которые смеют говорить, что жить на доллар в день, это просто то «как есть» в их родных странах. Я видел высокую концентрацию таких глупых людей в Англии, когда от рассказа Энджела об условиях жизни всего лишь столетие назад, у меня холодок пробежал по позвоночнику, в Соединенных Штатах, которые не так давно были дерьмовой дырой с гнилым зловонием расизма, сексизма и фанатизма (зловоние все еще висит в воздухе). Наконец, если вы являетесь одной из тех обезьян из страны с репрессивным авторитарным режимом, кто теперь идет по освещенным улицам запада, захлебываясь от восторга и захватывающего чувства защиты и свободы и все же твердо убежден в том, что развивающимся странам нужен «сильный лидер» для мира и развития, прежде чем читать дальше, раскайтесь.

Следует отметить, что на протяжении всего времени доминирующее общество всегда приписывало себе престижный статус «исключительности». Я бы аплодировал этой наглости и бравуре, если бы их экономисты взяли на себя ответственность за то, чтобы точно рассказать о мире и, соответственно, предписать эффективные вмешательства, которые поднимут уровень жизни для нас всех. Что мы имеем сейчас? Полный мутный глобальный хаос, где экономическая эффективность и валовой внутренний продукт (безумный способ оценить улучшение жизни граждан) в центре ведущих инициатив. Я должен подчеркнуть чрезмерное оправдание, «глобализацию», поскольку она добавила в микс объем и скорость. Что говорить о человечестве, когда снова и снова ведущие страны закрывают глаза на введение бесчеловечных практик, которые считались рабством в прошлые века, а теперь добавилось еще и самоуничижение, если это выгодно для этих стран?

Я злюсь, когда запад удивляется тому, что программы развития, которые они вбивают в глотку проблемным странам, не приводят к предсказанным результатам. Я злюсь, потому что удовлетворение потребностей может быть решено комплексным образом. Вместо этого, со своих столов в Вашингтоне, в округе Колумбия, экономические друиды очищают данные и разрабатывают упрощенные модели, которые абстрагируются от сложности реальности.

Снова и снова критические исследования, проведенные не только Международным валютным фондом (МВФ) и инсайдерами Всемирного банка, льют доказательства эффективности программ ведущих международных финансовых институтов.

Это чувство вины за осуждение, когда экономически слабая страна, как пациент в коме, врывается в отделение неотложной помощи международной организации, запертая в финансовых дотациях, и корчится от передозировки такой помощи, затем подвергается надругательствам и насилию бешеными некроманьяками и используется в качестве площадки для проведения иррациональных программ экспериментальных реформ. Не дай бог, если взращенная нация демонстрирует любые признаки жизни после этих ненужных операций на открытом сердце, как, например, Аргентина. Ее бросят на растерзание жестоким стервятникам, которые попытаются выклевать глаза и кишки. Каково стандартное противоядие для нации, когда-то считающейся «провалившимся государством»? Давайте посмотрим на Гаити после того, как ураган Сэнди прошел через эту вуду-нацию, которая уже на протяжении столетия была социально-политико-экономически шаткой. Сперва ее поместили в карантин, под пугающие глаза международной опеки. А потом, могущественные нации навязывали им через дуэры (демократические выборы) миллионы неграмотных, харизматичных шутов, чья самая блистательная идея заключалась в организации карнавальных торжеств по всей части острова Эспаньола, а серьезные решения принимались только Всемирным банком и эмиссарами международного валютного фонда. Социальные, коммерческие, торговые и политические преступления, совершенные в Гаити, далеко не исключение; фонды международной помощи использовались странами-хищниками для получения уступок у искалеченных стран, которые часто не желают на них соглашаться в здоровые времена.

Таким образом, на Гаити и в других черных дырах, где применялся тот же подход, средства правовой защиты привели к худшему результату, чем сама проблема. Прежде всего потому, что клептоманы этих стран и технические «партнеры» часто реализуют противоречивые догмы и реформы, которые откидывают бедные страны еще дальше назад. Я наверняка не первый, кто говорит, что потомки Джона Мейнарда Кейнса[7], Гарри Декстера Уайта[8] и других

---

[7] Английский экономист, основатель кейнсианского направления в экономической теории. Возникшее под влиянием идей Джона Мейнарда Кейнса экономическое течение впоследствии получило название «кейнсианство». Считается одним из основателей макроэкономики как самостоятельной науки

[8] Американский экономист, представитель министерства финансов США на Бреттон-Вудской конференции. В частности, Уайт был автором проекта создания

международных финансовых групп действуют в интересах своих спонсоров и покровителей этих спонсоров. Это, в свою очередь, ведет к следующему раунду ужасной растраты и бесхозяйственности. Если вы жаждете ощутить масштабы этой халатности, пожалуйста, съездите в городок Жалюзи, в Порт-о-Пренсе, на Гаити, и сравните его с виллами, арендованными «миротворцами» Организации Объединенных Наций, в нескольких милях оттуда.

«Я проповедовал, уверенный, как никогда, и как умирающий человек умирающим людям».
— Ричард Бакстер

В настоящее время экономисты утверждают, что экономическая теория не может быть развита никак иначе, только так, как она развита сейчас, любое явление, которое невозможно вставить в математическую модель, считается нелогичным и ненужным. Если суть чего-то нельзя объяснить, кроме как через уравнение для упражнения ума, считайте эту книгу суицидальным письмом. Я недостаточно удручен, чтобы прыгать под поезд в метро или уйти в буддистский монастырь. Я должен поблагодарить классических и прибившихся к ним политиков-экономистов, которые не были склонны к такому

Международного Валютного Фонда через неделю после Перл-Харбора, а также участвовал в создании Всемирного Банка — основных учреждений Вашингтонского консенсуса.

ограничению и которые эстетически порождали основные принципы и, к сожалению, в большинстве случаев, являющиеся весьма дьявольскими трактатами.

В странах третьего мира контраст между нищетой и отчаянием большинства и уровнем богатства и расточительности меньшинства не сложная абстракция, а скорее, наблюдаемая реальность в безумном масштабе моральной мерзости. Западные уважаемые ревизионисты под эгидой международных организаций, таких как ПРООН (Программа развития Организации Объединенных Наций), предполагают, что кошмары стран третьего мира не имеют ничего общего с колонизацией. Жалкое оправдание считается правдой, даже когда мы видим, что постколониальные социальные слои отражают кастовую систему, унаследованную от беспощадного эксплуататорского метода колонизации. Вряд ли это делалось для чего-то еще, кроме как поставить во главе страны маньяка, чтобы помочь маргиналам избежать мрачного будущего. Социальная, коммерческая, торговая и политическая антропофагия[9] (капитализм) — это экзогенная[10] концепция, которая не подходит для реалий и потенциалов развивающихся стран.

На мировой арене капитализма способность страны участвовать в гонке против других должна

---

[9] Поедание людьми человеческой плоти.

[10] Возникающая в результате воздействия внешних факторов

учитывать, по крайней мере, противников одного и того же размера по площади, что предопределяет ее перспективы роста и развития. Республика Бурунди и Королевство Бельгия, две страны примерно одного же размера и населения, сильно отличаются экономически. ВВП Бурунди в двести раз меньше, чем в Бельгии. Кроме как иметь долг выше, чем крошечный ВВП Королевства, как еще Бельгия могла бы добиться этого? Ну, нам нужно обратиться к историческим фактам, чтобы объяснить преимущества Бельгии над Бурунди. Король Бельгии Леопольд II создал дьявольскую схему для накопления личного и национального богатства. В то время как немцы уничтожали социально-культурные структуры Бурунди, с 1887 по 1965 год король Леопольд II из Бельгии, а впоследствии Бельгия, как нация, садистски грабила территории, в восемьдесят раз превышающие размер самой Бельгии, известные сегодня как «Демократическая» Республика Конго. После Второй мировой войны Бурунди была вырвана из оккупации Германии и передана Бельгии Лигой Наций, для жизни при новой форме колонизации со стороны своего крутого соседа.

Развивающиеся страны не единственные мои источники доказательств мирового беспорядка. С одной стороны, централизованные экономики потерпели неудачу, наложив единую корзину потребностей на людей, из-за чего девяносто девять процентов оказались внизу. Несовершенный

Советский Союз правильно реализовал коммунизм, пока буквально не ударился о стену. С другой стороны, свободный рынок губит нас неэтичным правилом выживания наиболее приспособленных, обслуживая небольшую группу в один процент наверху. Единственный раз, на моей памяти, Конгресс Соединенных Штатов, собрался вместе, двумя партиями, чтобы выручить многочисленные банки «слишком большие, чтобы потерпеть крах» и страховые компании в США. В отличие от этого, в 2013 году, тот же Конгресс сократил миллиарды долларов на программы продовольственных талонов, которые позволяли куче населения в США не упасть за черту бедности.

Если вы обратите внимание на пути мировых финансовых транзакций, вам следует научиться видеть, как модель капитализма ограничивает прибыльные международные финансовые потоки в тех же странах. Другие страны сводятся к простым поставщикам сырья и дешевой рабочей силы. Однако эта толстуха скоро смолкнет; она становится слишком толстой, чтобы подняться на ноги. В 2010 году «Дженерал Моторс» закрыли свой завод в Антверпене, в Бельгии, из-за избыточных мощностей в европейском автомобилестроении. Впоследствии, другие заводы в разных отраслях промышленности в Европе и Северной Америке тоже закрыли свои двери.

«Если не хочешь получить удар, не пропусти его».
– Японская мудрость

Но, вообще, по соответствующей экономической доктрине Куба и Англия безрассудно поступают правильно. При оценке двух существующих экономических линий нападений (нищета, загрязнение, война и т. д.), здравый смысл говорит, что ни один из подходов не является правильным. У меня был проблеск надежды, когда бывший Советский Союз и Китай решили резко бросить делать из соцлагеря тюрьму, пока они не выбрали психиатрический вирус «Капитализм», который является чистой формой безумия!

В настоящее время миру не хватает полноценных альтернатив и, после многочисленных безумных финансовых кризисов, признание варварства и недостатков капитализма не должно выглядеть смертным грехом. Учитывая происходящее, экономия и вложения при финансовых катаклизмах показали, что это не адекватные решения, а, скорее, насмешка над угнетенным классом. Я позволю себе здесь сказать самым простым образом: новые рынки нужно поощрять, чтобы омолодить мировую экономическую систему, но при этом необходимо разработать новые тенденции, чтобы избежать фатального катаклизма. Это изменение требует применения соответствующей социальной, коммерческой, торговой и политической формы, которая не только переведет «бедные» страны в международную торговую систему, то есть из эксплуатируемых сторонников в активные производители и покупатели, но также переломит текущие рыночные отношения старого порядка и приведет к Новому Мировому Порядку.

Сделанный из того же теста, что и все люди, я ждал в стороне суперженщину, которая бы спасла всех нас. Затем я узнал, что в 1945 году, когда американские и британские линкоры и авианосцы приближались к японскому материку, обычным молодым людям было предложено принести жертву, чтобы спасти империю восходящего солнца – отдать свою жизнь. Сила жертвы, основанная на атомных атаках в Хиросиме и Нагасаки, романтизировала бесстрашие этих молодых людей. Я воспринимаю как оскорбление, когда меня называют камикадзе из-за моих нападений на капитализм, после того, как я узнал о резне в Нанкине и женщинах в сексуальном рабстве для японских военных.

Уставший ждать сигнал, который остановит наше преднамеренное разрушение, я не буду утомлять вас теми плаксивыми пассажами, которые у вас ассоциируются с критиками капитализма, социальности, коммерции, торговли или политической несправедливости. Нужно лопнуть этот мыльный пузырь, решение не в увеличении минимальной заработной платы, бросании собакам кости, и не в создании налоговых лагун Незуми Козо[11]. И то и другое не более, чем экономические паллиативные[12] средства. К вашему удовольствию или возмущению я собираюсь показать вашим немногим оставшимся свободными нейронам новую социальную, коммерческую, торговую и политическую форму, которая потенциально изменит общие понятия, продвигая девяносто девять процентов наверх и заботясь о том проценте, кто в самом низу. *И Цезарь, хм, ты, читатель, должен решить мою судьбу!*

---

[11] Японский полулегендарный вор, живший в Эдо, ставший персонажем японского фольклора. В своей преступной деятельности «специализировался» на кражах со взломом особняков даймё

[12] Термин «паллиативный» происходит от паллиатив (паллий, покрывало, греческий плащ, верхнее платье) — неисчерпывающее, временное решение, полумера, закрывающее как «плащ» саму проблему — что отражает принцип паллиативной помощи: создание защиты от тягостных проявлений болезни, но не лечение самой болезни.

ГЛАВА ТРЕТЬЯ

# Я вижу бедных

«В хорошо управляемой стране, бедность, это то, чего стоит стыдиться. В стране плохо управляемой, богатство это то, чего следует стыдиться».
— Конфуций

По моему мнению, на сегодняшний день самый жуткий социальный сайт — это тот, который посвящен М. Найту Шьямалану одним из его несгибаемых последователей. Для индийца-американца достигнуть такого высокого уровня успеха, как сценарист, продюсер, режиссер и звезда первой величины в Голливуде, не полагаясь на клише: танцы и песнопения в кино, как принято в Болливуде – это впечатляющий результат. Я сам огромный поклонник его поражающего и самого знаменитого фильма «Шестое чувство» (1999). Касса этого фильма доказывает, что не так много гомо сапиенсов его не видели. Для остальных из вас, которые в то время жили в танке, великолепный сюжет построен вокруг мальчика, Коула, который умеет общаться с духами, которые не знают, что они мертвы. Он ищет помощи депрессивного детского психолога, роль, великолепно сыгранная одной из самых больших звезд Голливуда в то время, Брюсом Уиллисом. Хороший сильный момент фильма, когда камера медленно приближается к лицу мальчика, тогда еще неизвестного ребенка, Хейли Джоула Осмента, и он шепчет: «Я вижу мертвых людей», мгновенно превращая эту фразу в один из наиболее популярных афоризмов того времени.

Прошло довольно много времени с тех пор, как я оказался в дилемме, похожей на дилемму Коула. Несомненно, крестовый поход, который я предпринял, заставил меня пережить такой опыт, который я и представить не мог. Могу заверить вас, что жизнь монаха-отшельника еще не казалась мне такой привлекательной. Я должен также сказать, что эта эмоциональная экспедиция разбила мои близорукие линзы жизни, что заставило меня наблюдать за моим окружением, опираясь на все мои чувства и высокое чувство сознательности. После установления новых приоритетов я стал плохо спать. Мой ум улетает во время скучных семинаров и разговоров. Когда голоса в голове указывают вам то направо, то налево, жизнь становится катанием на американских горках. Я удивился, когда дьявол одолел меня? Я не могу позволить себе нанять психолога, тем более Брюса Уиллиса (я пытался). Я надеюсь, что воспоминания критических событий моей жизни поможет мне проследить первоначальный триггер, который привел к одержимости заботой о менее удачливых, и это изгонит моих демонов. Я не могу перестать видеть бедных людей!

Родители Тары, иммигранты из Гаити, убежали от тяжелой жизни в Нью-Йорке, чтобы воспитывать новорожденного, и вышли на пенсию в Южной Флориде. С того времени, как мы с Тарой встретились, она кипела за то, что ее увезли из Нью-Йорка и все уши мне прожужжала о «Большом яблоке». Если вы послушаете мою жену, как она говорит про Нью-Йорк, вы начинаете воображать что это город с молочными реками и медовыми берегами, нирвана, где на каждом углу ждут возможности и прекрасные впечатления. Это стало огромным разочарованием для моей жены, что мы не переехали в ее город мечты, а приехали в причудливый городок в Массачусетсе. Как ни странно, я регулярно ездил в Нью-Йорк на учебу. Факультет, на который я поступил, был расположен на Манхэттене, прямо посреди исторических небоскребов, недалеко от круглосуточно и хронически зараженного туристами Таймс-сквер. Учитывая мой опыт, я должен предупредить людей, до смерти желающих откусить от «Большого яблока», прежде чем ехать дальше на север, чтобы слиться с очень достойно стареющими и богатыми людьми, сбежавшими раньше.

В Нью-Йорке проживают самые смелые финансовые преступники в мире: Нью-Йоркская фондовая биржа, NASDAQ и самая безалаберная международная штаб-квартира Организации Объединенных Наций. С оцененным валовым внутренним продуктом выше, чем в Саудовской Аравии, и почти в два раза больше, чем в Швейцарии, больше, чем доход миллиардера мэра Майкла Блумберга и больше, чем жизнь неофициального мультимиллионера лидера черных в городе, Шона Джона Комбса известного как Пафф Дэдди. Все гламурные журналы писали о Бродвейском театре и показном дорогостоящем универмаге Бергдорфа Гудмана, чтобы не обращать внимание на проблему грызунов города и кровопролития в Браунсвилле, в Бруклине. Почему город не в состоянии заботиться о бедных? Когда я шел через толпу, которая, казалось, слишком занята, чтобы остановиться, я постоянно натыкался взглядом на каждый угол, облепленный бедными. Это терзает меня, как город ярких супер богатых людей, таких как Дональд Трамп, не может найти человеческое решение для своих менее удачливых людей, как предполагает теория просачивающегося богатства[13].

Это мучительно, я иду с центральной станции в Нью-Йорке, уклоняясь от запущенных психически больных и избегая зрительного контакта с теми, кто

[13] Теория «просачивающегося богатства», согласно которой доходы состоятельных слоев общества как бы просачиваются сверху вниз сквозь всю экономику страны и достаются, в конечном счете, всем. Поэтому все должны быть заинтересованы, чтобы богатые богатели еще больше

лежит на полу. Это угрюмое зрелище превратило меня в хорошего священника, раздающего Евхаристию[14] или в моем случае, деньги на обед. Когда наступила зима, я понял, что вокруг моего обычного пути распятий становится меньше и меньше нищих. Наконец, я мог позволить себе пообедать без соуса из жгучего чувства вины. Я не мог долго подавлять подозрения и стал спрашивать, куда делась лава бездомных, к которой я привык. На самом деле никакого чуда не произошло — просто погода. Поскольку старая добрая зима показывает свое мрачное лицо, бездомные пытаются найти теплые приюты и, неизбежно, скрываются с глаз.

В 2013 году появилось тревожное сообщение о том, что число бездомных, прибывающих в приюты, выросло, и из-за ограниченных возможностей жилья, как взрослых, так и детей пришлось выгонять. Что можно сказать о множестве ветеранов Соединенных Штатов, которые остались без крова? Если Соединенные Штаты, которые в настоящее время считаются самой богатой страной на Земле, не готовы сдвинуть Небо и Землю, чтобы заботиться о тех, кто ответил на призыв с честью служить стране и отворачиваются от благородных существ, которые

---

[14] Святое Причастие, Вечеря Господня — в различных течениях христианства толкуется как таинство, священнодействие, обряд: заключается в освящении хлеба и вина особым образом и последующем их употреблении. Согласно апостолу Павлу, при этом христиане «приобщаются Тела и Крови Иисуса Христа».

подвергли свою жизнь риску, чтобы защитить нацию, то я, в отличие от США, не могу думать ни о ком другом, и переживаю за них.

По мнению Всемирного банка, в то время как я сочувствую, более половины жителей Мумбаи живут в трущобах. «Миллионер из трущоб» — это то, как большинство людей западного мира считают, живут в Мумбаи, и там были сняты несколько сцен из фильма. Мумбаи — город контрастов, в котором проживают самые богатые бизнесмены страны и звезды Болливуда. Я не могу не задаться вопросом, не стали ли архаическая кастовая система и глубоко укоренившаяся религиозная вера склоняться к тому, чтобы свалить расслоение в своем обществе на волю божественной силы: судьбу. Я не мог найти никакого общественного протеста против бюджета индийской космической программы (I.S.R.O), который постепенно увеличивался до 1,3 млрд долларов в 2013 году. Бюджетные показатели I.S.R.O. привели к тому, что такие страны, как бывшая колониальная держава Индии, Соединенное Королевство, и один из лучших приятелей этой державы, США, сократили фонд помощи Индии. Эта сумма, очевидно, мала по сравнению с бюджетом I.S.R.O, но это было спасением, программы предоставляли необходимые услуги примерно 421 миллиону бедных индийцев. Это число выше, чем население в двадцати шести беднейших африканских странах. Какова была реакция Индии на сокращение помощи? «Нам не нужна помощь», —

сказал в то время министр финансов Индии П. Чидамбарам.

В ноябре 2013 года мои индийско-американские друзья праздновали, когда космическая программа Индии подтвердила, что зонд Марса запущен для запланированного десятимесячного путешествия. Индийский зонд Марса поднял некоторые из моих самых глубоких подозрений. Он некоторое время вращался вокруг Земли. Я полагаю, что индийские ученые впали в депрессию, глядя на индийские трущобы, и решили выключить свои телескопы. Цель миссии не в том ли, чтобы найти новое укрытие для индийской элиты или свалку/окончательное решение[15] для бедных населенных мест, таких как трущобы Мумбаи? Если последнее, то несколько статей о ратифицированном соглашении между Федеративной Республикой Нигерия и Индией о космических программах, при кучах трущоб, разбросанных вокруг Абуджи, должны быть очень к месту!

Теперь попробуйте погулить самый дорогой дом в истории мира. Удивительно, но он не расположен в Манхэттене или где-нибудь в Париже, он находится в Мумбаи, в Индии, и его стоимость составляет более одного миллиарда долларов! Двадцатиэтажный небоскреб имеет шесть подземных парков, этаж занимает медицинский центр, и для его обслуживания требуется около шестисот сотрудников. Эта гигантская

---

[15] Окончательное решение – так фашисты называли истребление евреев.

резиденция является домом для индийского миллиардера, Мукеша Амбани, его жены, двух его сыновей и одной дочери. Не это мучает меня, а то, что в стране, где многие дети голодают и живут в трущобах, он решил потратить миллиард долларов на строительство своей резиденции на земле, ранее принадлежавшей приюту для сирот. Земля была выделена для обучения малоимущих детей. Я предполагаю, что он хотел иметь прекрасный вид на город и его трущобы.

Говоря о прекрасном месте в заливе Флорида, там находятся одни из самых безупречных пляжей на планете. Любой, кто желает городской жизни и быстрого доступа к великолепным пляжам, должен обратить внимание на город Тампа — это подходящее место для жизни из-за его близости к прибрежному городу Санкт-Петербург. Теперь у любого туриста будет чудесная возможность бродить под ласковым солнцем, пробовать аутентичную американскую гурманскую кухню в центре города и покупать на пляже мороженое. Но когда солнце сядет, желательно, чтобы люди постарались не появляться в центре города. Я поздно ночью оказался в центре города, ожидая, пока автобус из Грейхаунд отвезет меня обратно в Тампу. Клянусь, преступность — это не то, о чем люди должны беспокоиться. Стая бездомных, укладывающих свои ящики, пытаясь найти убежище вокруг внушительного здания местной католической церкви и центрального парка, рвет душу. Вдобавок к этому унижению, бездомные постоянно подвергаются преследованиям со стороны полиции в ходе патрулирования, обеспечивая то, что я называю декретом нулевой терпимости к бедным, принятым местным советом. В качестве тактики, чтобы избавиться от бедных, после ареста и освобождения, они получают билет на Грейхаунд из Санкт-Петербурга в любое место по своему выбору, которое обычно является Тампой. Я считаю, что это одна из самых творческих и дьявольских мер, предпринятых с целью сохранения донкихотского образа города.

Когда кто-то говорит о донкихотском образе, почему-то мой ум сосредотачивается на городе Бирмы, официально Республики Союза Мьянмы. Мое очарованное мнение долгое время являлось следствием слитых видеороликов о свадьбе генерала Тэн Шве в 2006 году. На экране были нити алмазов и тонны бутылок с шампанским. Было подсчитано, что подарки были на сумму в десятки миллионов долларов, включая роскошные автомобили и дома. Я помню, как я так завидовал жениху, наблюдая, как он наливает шампанское по каскаду бокалов и помогает невесте нарезать огромный свадебный торт. После новостей об Аунг Сан Су Чжи, освобожденном от домашнего ареста в ноябре 2010 года, я второй раз просмотрел видео и провел кое—какие исследования. В видеоролике улыбающиеся гости, одетые в самую изысканную одежду и дорогие драгоценности, были частью жестокого и кровопролитного военного руководства, который железной рукой держал страну. Шла эта богатая вечеринка, в то время как уровень бедности в Бирме и военные репрессии продолжали расти.

С тех пор военная хунта сделала стратегическое обновление. Хирургические изменения заметны, эти тигры надели официальные гражданские наряды. Их искренность сомнительна. Члены правящей элиты все те же. Я не вижу, чтобы они отказались от контроля над бирманскими вооруженными силами, что, несомненно, является источником их контроля над страной и ее огромными ресурсами. Пока что наведенный глянец работает. Международный аэропорт Янгона закрыли еще раз, выкатывая красную дорожку для мировых брокеров власти и их отрядов финансовых жуликов. Не сомневаюсь, что вечеринки будут продолжаться некоторое время, хотя и втайне.

Событие заставило меня задуматься, что случилось с самой волнующей вечеринкой в Соединенных Штатах, которая никоим образом не была секретом? В 2003 году, я наткнулся на «свежатину на корабле», так многие мои американские компасеры называют карибских и африканских приехавших, как я, на брошюру о событиях «Марди Гра» в Новом Орлеане, в штате Луизиана, с изображениями молодых людей на вечеринке и с восхитительными похвалами поварам. Пара друзей и я не могли дождаться, чтобы набрать кучу купонов, которые шли с буклетом. Само собой разумеется, мы доехали до

«Большого Легкого[16]» так быстро и пьяно, как могли. Чудесно, мы не попали в какую-нибудь аварию в Миссисипи. Еда и гостеприимство на Бурбон-стрит были выдающимися. Лишь немногие короли праздников могли похвастаться тем, что каждый из их знаменитых ритуалов на Бурбон-стрит был успешным. Давайте просто скажем, что каждый раз, когда мы выходили из отеля с сотнями бус, следуя священной традиции празднеств, мы возвращались в нашу комнату с пустыми руками... ну, вы понимаете[17]!

На обратном пути во Флориду, когда наши умы все еще парили в небесах, мы пропустили рампу к мосту Хейл-Боггс через реку Миссисипи. Любой, кто был в Новом Орлеане, знает, что мост — единственный способ выйти из города. Мы не паниковали, пока не поняли, почему консьерж настаивал, что мы не должны ни в коем случае отклоняться от туристического маршрута, который кончается примерно во французском квартале. О Господи! Впервые во время нашего пребывания в Новом Орлеане место вызывало беспокойство. Мы все протрезвели. Я без преувеличения скажу, что если бы нас попыталась остановить полиция, ей пришлось бы гнаться за нами до Бурбон-стрит. Мы не собирались останавливаться посреди этих джунглей.

---

[16] Прозвище Нового Орлеана

[17] Во время этого праздника, мужчины дарят бусы женщинам, которые оголяют грудь.

Чтобы получить представление о группе которую мы изучали, мы начали смотреть сериал Косби, про черную семью, сцены Нью-Йорка в хите с Эдди Мерфи «Поездка в Америку» были слишком сюрреалистичными, чтобы быть правдивыми для нас. Другими словами, мы были из преимущественно богатых семей, которые получили больше, чем надлежащую долю богатства в системе капитализма «а-ля Африка». Несмотря на то, что у нас было значительное число чернокожих американских знакомых в Таллахасси, во Флориде, классическом городке у колледжа и спокойной столице штата, те негры в Нолинсе и рядом пугали всех нас до смерти! Мы должны были понять, что в этом городе что-то было подозрительно. Новый Орлеан родил одну из самых плодовитых рэп-групп, которые мы любили в то время, — «Горячие парни». Их творческая рэп-проза, грубый стиль и фразы не могут, естественно, быть навеяны местом радости и наслаждения, такое рождает святилище боли и отчаяния. Если этот красный флаг был недостаточно заметен, то первые низкобюджетные клипы группы давали обзор их мира, рог изобилия бедных грязных людей перед запущенными трущобами.

К сожалению, в наши дни некоторые предпочитают игнорировать или забывать о том, что до того, как разрушительный ураган Катрина пронесся по городу, Новый Орлеан был одним из самых грязных мест в Соединенных Штатах, сопоставимый со странами третьего мира, в которые я ездил. Когда мы с друзьями увидели, что эти позорные места «Большого легкого» были великолепно спрятаны от взглядов пьяных студентов колледжа и других туристов. Ураган Катрина только высветил грязную тайну города, и все Соединенные Штаты притворились удивленными. В самом деле, что еще вы ожидаете, при сливе канализации? И теперь, когда шоколадный город, как его называл мэр Нового Орлеана Рэй Нагин (приговоренный к десяти годам тюрьмы за взяточничество, отмывание денег и коррупцию), восстанавливается, вероятно, он молится о том, чтобы его проблема не вернулась, желая, чтобы он мог объявить своих бывших нищих персонами нон-грата.

«Персона нон-грата» может не указываться в списке рождественских пожеланий Нового Орлеана, но это был Теодоро Нгема Обианг, сын президента Экваториальной Гвинеи, обладающий неким статусом во Франции и большинстве цивилизованных стран. Франция была в восторге от богатства негритянского принца, и в 2012 году сообщалось, что французская полиция внезапно решила возобновить старое дело, возбужденное различными активистскими организациями, и забрала пару игрушек Обианга-младшего. Просмотр всех безделушек, во французских журналах, превзошел мои потуги даже представить, что такое богатство, сюда вошли одиннадцать роскошных автомобилей (два Бугатти Вейронс, Майбах, Астон Мартин, Феррари, Роллс-Ройс,

Мазерати), несколько бутылок Шато Петрус (одно из самых дорогих вин мира) и часы за 3,7 миллиона долларов.

Не только французы, американцы тоже попытались проредить состояние Обианга-младшего. Публика получила сообщение о том, что министерство юстиции США подало иск против Обианга на 70 миллионов долларов. И вуаля, еще один список, включающий в себя самолет Гольфстрим, злосчастные перчатки Майкла Джексона и виллу в Малибу. Подождите! Ребенку по-прежнему разрешалось выходить на улицу и тратить деньги в Соединенных Штатах после скандала, который заставил Риггс-Банк заткнуться? Так или иначе, министерство юстиции Соединенных Штатов никогда не беспокоило крупнейшего вкладчика банка в то время, с более чем 700 миллионами долларов. Что можно понять из этой сочной истории? Без каких-либо фантазий, очень молодой Теодоро Нгема Обианг предположительно скопил все это невообразимое состояние, получая зарплату менее 100 000 долларов в год в качестве министра сельского хозяйства и лесного хозяйства Экваториальной Гвинеи.

Что можно сказать об Экваториальной Гвинее, чтобы все стало понятнее? Одна из самых угнетенных стран Западной Африки — это там обычные люди живут менее, чем на доллар в день. Нация всего лишь в 700 000 человек, они бедны, но богаты нефтью, контраст эпических масштабов. Есть фотографии на сайтах в социальных сетях с высокими стеклянными высотками и особняками президента рядом с ржавыми лачугами. Если вы приедете в столицу Малабо, вы увидите людей, которые ездят в роскошных «Мерседесах», через трущобы и пытаются объехать городские триллионы выбоин, и начальника полиции страны, который дружит с президентом, и хвастается, что его мундиры шьет не кто иной, как знаменитый французский дизайнер — Ив Сен-Лоран. Из окна роскошной комнаты совершенно нового отеля, в котором он останавливался, он видел, как семьи ютятся в маленьких, крытых оловом, лачугах.

И пока я выкапывал факты, как один из пяти детей умирает до достижения пятилетнего возраста и менее пятидесяти процентов из них имеют доступ к чистой питьевой воде, я был ошеломлен, узнав, что комиссар полиции крошечной страны, расположенной прямо в центре Радужной нации Манделы, представлял от имени своего жадного и извращенного абсолютного монарха искренние извинения за два миллиона евро, украденных, как ни странно, в портфеле во время вечеринки на вилле Обианга-младшего в Свазиленде. Если кому-то интересно, как насчет наказания Теодоро Нгемы Обианга за проявление такой экстравагантности и пачкания образа Экваториальной Гвинеи? Ну, давайте просто скажем, что оно соответствует сыну одного из самых долго правящих диктаторов Африки, вместе с маленькой элитной группой. С тех пор его отец сделал его вторым вице-президентом Экваториальной Гвинеи. Почетное и охраняемое положение, защищающее его от любого возможного международного обвинения.

«Я за добро для бедных, но я иначе отношусь к понятию, что такое добро. Я считаю, что лучший способ сделать добро бедным не облегчать их нищету, а вывести их из нее».
— Бенджамин Франклин

Ной был хорошим человеком, но он виноват в том, что он испортил единственный способ избежать насилия дома, который был в моем детстве. После драматического инцидента с соседним ребенком на заднем дворе нашего дома, я испугался играть в Рэмбо, выйдя один на один. Я давно подозревал, что Ной имел какое-то отношение к моему тактическому фиаско. То, как он действовал, и было неопровержимым доказательством его вины. Я читал разные версии истории Ноева ковчега, и все сводилось к одному и тому же: Ной спас себя, свою семью и остатки всех животных мира, когда Бог решил затопить мир и уничтожить его из-за злых человеческих дел. В детстве я считал это сильно предосудительным, что Ной сам решил взять на борт стервятников, крыс, крокодилов и, в частности, библейский источник кончины Адама и Евы и того, что я как-то долго просидел летом дома — я говорю о змеях.

Так же, как и Ной, Мандела был хорошим человеком. Он тоже сломал мне кое-то дорогое. Я мечтал потратить свой золотой век на самую богатую и вдохновляющую африканскую страну, Южную Африку или «ЮАР», приятный способ наслаждаться моим выходом на пенсию среди преуспевающих чернокожих африканцев. За последние пару лет я не мог полностью понять ответственность Манделы за угасание мечты. В конечном счете, когда я отбросил тот факт, что он провел 27 лет в трудовом лагере за свою роль в борьбе против апартеида, а затем критически оценил его срок как президента Южной Африки, я имел о нем кристально чистое представление. Я считаю себя членом крошечной смелой группы, ведущей по неизведанным территориям, и чьи голоса должны быть гораздо громче, чем смерть «Мадибы». Разве мы осмеливаемся осуждать, что «скомпрометированные переговоры увековечили социальную, коммерческую, торговую деятельность Южной Африки и ее политические проблемы?» В моем сознании нет сомнений, что Мандела сделал много для себя, и Ко, и маленького богатого белого общества, когда Ф. В. де Клерк, который, на мой взгляд, имеет некоторое сходство с Богом, потому что он белый старик и верный расист, был преисполнен решимости положить конец апартеиду белого южноафриканского среднего класса и крупного буржуазного ненасытного бизнеса в 1990-х годах.

Я поддался мантре моих бабушки и дедушки, что людей нужно оценивать исключительно по поступкам: два реальных факта ставят под вопрос силу характера Манделы. Несгибаемый «Мадиба» зашел слишком далеко, чтобы закончить апартеид, заключая сделку с судьями-расистами, некоторыми из худших нарушителей прав человека, африканскими отрядами похитителей и убийц и исключительно теми, кто спонсировал всю жестокую систему апартеида и стал новой гарантией радужной элиты. Я говорю про горнодобывающие и финансовые корпорации. И что можно сказать о человеке, который в интервью австралийскому репортеру Джону Пилгеру выразил полное пренебрежение к трем десятилетиям жестокости диктатуры Индонезии и других людей, которые так же старались оправдать награду в 1997 году мяснику из Джакарты, Генералу Сухарто — ему дали Орден Доброй Надежды, которая является самой высокой честью в Южной Африке, которой можно одарить иностранца?

Я не могу примириться с фактом, что Африканский национальный конгресс, национально-освободительное движение Южной Африки и их союзники выиграли все президентские выборы в Южной Африке с момента окончания апартеида. Фактически экономический апартеид остается нетронутым. Южноафриканские чернокожие остаются ужасно бедными в абсолютном и относительном выражении. На мой взгляд, АНК злоупотреблял доверием чернокожих людей, которые все еще теснятся в трущобах, таких как Димбаза и Александрия, и эти жестокие поселки начинают испытывать основную массу широко распространенных разочарований. Напротив, есть много доказательств того, что АНК был хорош для белых. В обмен на включение нескольких черных сотрудников АНК в их гламурный замкнутый круг (схема, используемая для возврата денег обратно в карманы богатых членов партии), белым в ЮАР было разрешено незаметно наблюдать за массивными баррикадами богатства, полученными и накопленными с помощью бесчеловечной эксплуатации чернокожих в ЮАР во время апартеида. Когда южноафриканский апартеид задохнулся, его руководители поняли, что все, что им нужно было сделать, — привлечь черных лидеров к распределению богатства и благосостояния, а взрывная жадность умалила способность негров и индийцев объединяться в кварталы и гетто.

Однажды я спросил себя, как Мандела и Ко планируют вывести черных южноафриканцев из бедности? АНК создал отличный план, безошибочно заявив в сегменте Устава партии «Свобода»:

> «Национальное богатство нашей страны, наследие южноафриканцев, должно быть возвращено людям, минеральные богатства под землей, банки и монополистическая

промышленность передаются в собственность народа в целом, все остальные отрасли и торговля должны контролироваться, чтобы способствовать благополучию людей... »

Этот раздел Хартии свободы АНК не согласуется с концессиями, которые они сделали, например, в конце 1992 года, так называемые «положения о закате». Он подготовил почву для правительства национального единства (любимый метод диктаторов, чтобы смешать волков и ягнят и распространить популярный спрос на перемены) за нелепые гарантии работы, которые защищают гражданских служащих эпохи апартеида.

Знает ли кто-то в эпоху пост-апартеида, что происходит, когда бедные чернокожие требуют долю богатства страны? Ужасная истина заключается в том, что ответ был таким же, как и при апартеиде: их пристреливают, как бешеных собак. Кадры, которые распространялись после резни шахтеров в Марикане в 2013 году, ничем не отличались от резни в Шарпевиле в 1960 году. Только на этот раз изображения были в цвете, это цветные полицейские делали бесчеловечную работу. Еще унизительнее, мир был ошеломлен, узнав, что двести семьдесят шахтеров были арестованы и обвинялись за нарушение доктрины об «общей цели», той же самой доктрины, использовавшейся и злоупотребляемой во время апартеида. Из-за протеста групп наблюдения за соблюдением прав человека и международного давления было отменено причудливое обвинение, и все заключенные в тюрьму шахтеры были освобождены.

Жизнь Манделы и образование АНК должны быть поучительной сказкой для начинающих борцов за свободу и людей, рукодвоствующихся верой в равенство по всему миру; власть развращает, а абсолютная власть развращает абсолютно, как точно сказал лорд Актон. Мне больно видеть, что в ЮАР, со временем разрыв между белыми и «не имеющими ничего» чернокожими достиг самого высокого уровня. Действительно, в 2009 году ЮАР обошла Бразилию как самое расслоенное общество в мире. Тем не менее я с большим удовольствием наблюдал за тем, как президент ЮАР, Джейкоб Зума, стал унижаться перед иностранными чиновниками из-за мемориала Манделы. Народное выражение недовольства АНК! Это было так трогательно.

В 2013 году мы с женой переехали из солнечной южной части Соединенных Штатов, куда-то ближе к холодной Канаде. Лучшее этническое описание этого очаровательного маленького городка: черный город-призрак. Мы всегда чувствовали себя обязанными радоваться присутствию другого черного человека, кивая головой друг другу. Будучи привыкшим к югу, где негры населяют значительный кусок иерархического дна общества, я наивно думал, что здесь не может быть какого-то сильного запаха разлагающейся нищеты. Затем наступил День

Благодарения 2013 года, мы были на пути в Нью-Йорк, когда вдруг посреди дороги появилась тень. Там, сражаясь с ужасной температурой и легко одетый, шел бездомный белый человек, на нем был большой знак. Боже, тупые водители почти переехали его. Когда мы подъехали ближе, я опустил окно, чтобы дать ему доллар. Что-то изменилось во мне, потому что я увидел лицо человека, униженного и разбитого. С того момента, я продолжал видеть одно и то же выражение у детей, женщин или мужчин в разных местах.

Города поняли, что переназвать — это умный способ выразить презрение к определенной группе. Добавление циничного закручивания гаек позволило городам наказывать бедных. Повсюду на этой красивой планете запрещено «агрессивно» попрошайничать. Некоторые города даже зашли так далеко, что активно проводили образовательные программы для жителей, советуя им не подавать попрошайкам (извините, название, заимствованное у кандидата Республиканской партии 2012 года на пост президента Соединенных Штатов Митта Ромни) и полицейские подразделения были проинструктированы, чтобы запугивать попрошаек, особенно вокруг центральных зон. Развивающиеся страны более творческие, они добавили сверхъестественный элемент или вуду. Путешествуя по нескольким странам третьего мира, параноидальные гиды и друзья всегда предупреждали меня не давать деньги уличным нищим, и, если я когда-нибудь осмелюсь, то, деньги будут таинственно исчезать из моих карманов, и я возьму на себя проклятие джуджу. Я посмеялся и нарушил это нелепое правило. Я могу засвидетельствовать, что я не превратился в козу и не был поражен молнией, и все исчезновения моих денег объяснялись моими поисками мирового счастья.

Прискорбно, что люди во всем мире, разных форм жизни, рас и происхождения прямо скажут, что они ненавидят активное попрошайничество или агрессивное обращение. Они не возражают против пассивного попрошайничество, когда, например, нищий открывает дверь в магазине с кружкой в руке, но ничего не говорит.

Как бы то ни было, людям комфортнее подавать, когда нищие не беспокоят их совесть и делают свое присутствие менее ощутимым. Я не торопясь, наблюдаю, как крутые дети мчатся к выходу на центральной станции в Нью-Йорке в супердорогих наушниках из последней линейки Доктора Дре, закрывающие больше, чем их уши, как правительственные чиновники, проезжают по ухабистым и пыльным дорогам Кампалы, в Уганде, на новых черных тонированных внедорожниках Прадо, не замечая бедных на углу. Эти картины привели меня к осознанию того, что бессердечное отношение к менее удачливому — действительно вездесущее глобальное явление. Когда я отчаиваюсь и теряю надежду, я всегда встречаю других людей на этой красивой голубой планете, тоже разных форм жизни, рас и происхождения. В отличие от известных академических шарлатанов, которые просто игнорируют проблему бедности, чтобы получить академическую известность, они посвящают свою жизнь тому, чтобы сломать импульс равнодушия к бедным. Я нахожу это чувство очень вдохновляющим, и это вторит глубоким желаниям моего собственного сердца. Достойное общество не появляется чудесным образом. *Как и я (я предполагаю), они не могут перестать видеть бедных людей.*

ГЛАВА ЧЕТВЕРТАЯ

# Гангнам стайл

«Каждый раз, когда мы покупаем что-то, мы усиливаем эмоциональную пустоту и, следовательно, нам нужно купить что-то еще».
— Филип Слейтер

Если вы впервые увидели Сая Хампина в блестящем смокинге и очках в субботней передаче, известной как «SNL», популярное американское комедийное шоу, вы, вероятно, решили, что это пародия на фильм 90-х «Американские братья блюз». Не вините себя, я восхищен исполнительным продюсером. Сай — отличное дополнение к талантливому фильму. Я думал, что Лорн Майклз, наконец, воспользовался быстрыми демографическими изменениями Соединенных Штатов и расовым разнообразием. Я не знал, что к тому моменту южнокорейский рэпер уже стал сенсацией в соцсетях с роликом «Гангнам стайл», который набрал миллионы просмотров на нашем любимом YouTube и получил миллион платных скачек всего за пятьдесят один день! Как летучие мыши, вылетающие из-под черного плаща Дракулы, мириады различных версий песни начали появляться по всему миру. Даже в стиле танго. Я быстро пришел к выводу, что нигде на планете не скрыться от заражающего укуса Гангнам стайл! К тому моменту я продал свою танцующую душу демонической силе Сая, как и миллиарды китайцев так что, пожалуйста, не судите меня, я встречал пару человек, экспертов по южнокорейской культуре, и жителей Южной Кореи в соцсетях, которые были достаточно любезны и рассказали про междустрочный посыл песни. Предположительно, под причудливым танцем и нелепым видео, был рассказ о южнокорейском обществе. К моему удивлению, «Гангнам» реальный жилой район в Сеуле, столице и крупнейшем городе в Южной Корее. Место жизни самых богатых сынков с трастовыми фондами, это район показного потребительства. Утверждают, что задолго до новой тенденции китайской аристократии, южнокорейские жители Гангнама ввели моду увеличивать лица, и часто посещали гиперроскошные клиники, делая острый нос и сужая челюсти (ой) и даже делая глаза более круглыми. Эти желанные черты лица воспринимаются, как элегантные черты белых людей, и люди с деньгами хотят их иметь во что бы то ни стало. Видео было насмешкой над людьми, которые мечтают выглядеть как жители Гангнама, но у них нет на это денег, и которые не знают, что это на самом деле значит, и блогер хорошо это показал. Это имеет смысл в мире полностью разочарованной добычи и злобных хищников. Целая индустрия процветает, обеспечивая этих подражателей дешевыми и опасными трюками и рецептами для самостоятельного изменения черт лица в домашних условиях. Я много раз встречал продукты, гарантирующие «Голливудский вид». Есть рассказы подростков, которые надевают некий девайс на глаза, и часами не моргают — это дешевый вариант операции двойного века[18], есть инструмент для сжатия, чтобы получить овальную форму подбородка. Боль этой отчаянной молодежи бледнеет по сравнению с южнокорейской женщиной, которая, как рассказали, вводила растительное масло в лицо, она теперь обезображена и это не подлежит хирургическому исправлению. Здравоохранение Южной Кореи хранит молчание, относительно этих неоправданных рисков и угрожающих жизни тенденций, как я понимаю. Я был бы расистом и лицемером, если бы я обращал внимание общественности исключительно на буржуа и пролетариев Восточной Азии, которые приобрели зависимость от пластических операций. Всегда лучше всего продаются в магазине косметики и парфюмерии моего свекра, который находится в черном квартале, с африканским, карибским и черным-американским населением, кремы для отбеливания кожи, он едва

---

[18] Популярная операция у азиатов, чтобы сделать верхнее веко видимым, когда глаза открыты.

справляется с огромным спросом на эти токсичные продукты. Эта тенденция просто отражает стратификацию социального класса своих клиентов, основанную на жалком убеждении, что черная кожа хуже, и что люди со светлой кожей более привлекательные. В 2014 году, почти два столетия после того, как было отменено рабство, темная кожа доктора Кейта Роули была основным «возражением» против того, чтобы он управлял Тринидадом и Тобаго, черной страной, в качестве премьер-министра. Все, что нужно было доктору Кейту Роули это приложить пару из этих радиоактивных гелей на тело, чтобы осветлить нежелательную темную кожу, как змее, чтобы получить этот высший ведущий пост Тринидада. Периодически, ему нужно будет повторять этот процесс, чтобы сохранить поддельное «сияние» мулата. Самый неприятный и смешной факт, что в результате кожа идет пятнами. Тем не менее, мне перестало быть смешно, и я почти начал выдирать волосы на груди (да, у меня есть парочка), когда узнал, что за активные ингредиенты добавляют в гели эти подмастерья дерматологов. Вызывает беспокойство, что там обычно ртуть (может вызвать поражение мозга), гидрохинон (используется для проявки фотографий) и мышьяк (звучит, как яд, которым он и является) — вот такое зелье. Излишне говорить, что бывают и более страшные препараты, которыми пользуются черные в своих попытках измениться. Хотя я испытал на себе кое-какие проявления расизма, я совершенно убежден, что никакие врожденные недостатки или неизлечимые болезни не происходят из-за моей черной кожи или кудрявых волос. Я не думаю, что герой моего детства и признанный король поп-музыки Майкл Джексон, переубедит меня. Парадокс, в то время как другие расы изо всех сил пытаются стать белыми, белые мчатся в противоположном направлении. Вид бледных людей, лежащих как ленивцы под злым солнцем Флориды, пугал меня, но дикое количество соляриев в северных регионах Штатов просто вынесло мне мозг. Меня до сих пор преследует вид французов и итальянцев в стрингах, которые купались в детском масле. Энергия, с которой некоторые белые девочки изводят себя в спортзалах, чтобы достичь мечты и стать королевой колледжа весьма впечатляет. Я приветствую их рвение получить изгибы, как у черных. Что же касается богатых и ленивых или пожилых, есть куча опасных вариантов пластической хирургии (губы, ягодицы, и силиконовые грудные имплантаты), с помощью которой любой желающий таких форм станет Сарой Баартман Хоттентот Венерой19. Я вижу, в том, как

---

[19] Женщина из африканского народа готтентотов, привезённая в Европу из Южной Африки в начале XIX века и выставлявшаяся в паноптикумах на показ публике как диковинка из-за её больших выпирающих ягодиц и ярко выраженных половых органов. С этих показов берёт своё начало практика создания человеческих зоопарков — вида развлечения толпы в XIX — первой половине XX века, демонстрировавшего людей «неевропейских» рас в их «естественном» виде. В рекламных листовках Саарти

белые мужчины, нелепо охотятся за детским телосложением, как у азиатских женщин (и мужчин), скрытую педофилию. Следует сказать, что риски, на которые идут белые, чтобы сделать их белизну на пару тонов темнее, такие же опасные для жизни, как и те, что принимают другие расы, чтобы стать белыми. Нельзя отрицать, что признаки расовых предрассудков подпитывают этих межкультурные увечья. Эти ужасные тенденции вполне могут быть оправданы нашим желанием приобрести красоту, которой мир слагает баллады. Давайте предположим, что это происходит на самом деле, и тогда эти угрожающие жизни одержимости высвечивают несколько важных вопросов, люди идут на такие жертвы, чтобы выглядеть богатыми или это только одна грань проблемы? Тогда я задумался, если термин «глобализация» нужен просто для маскировки своей вседозволенности, то это просто фокус для экономического импульса. В какой-то степени, в зависимости от вкуса, все мы живем в стиле Гангнам?

«Мы больше не живем жизнь. Мы потребляем ее».
— Вики Робин

После неопровержимого факта, что уровни морей и температура растут, пророки выползли из своих нор, чтобы предупредить мир о надвигающихся

---

обычно именовалась «готтентотской Венерой» (по аналогии с Венерой, древнеримской богиней красоты и любви).

бедствиях библейских масштабов. Как ни страшны некоторые из этих предсказаний, может быть, апокалипсис еще можно предотвратить, если мы прекратим споры и станем действовать сообща. Но что же это на самом деле означает? Статус-кво богатства должен быть не только для крупных корпораций и элитарной группки, когда маститые учителя наживаются, формулируя и находя для этого аргументы. Они просто продвигают ложные теории, считая мир стаей диких гусей или просто натравливая одну сторону против другой. На мой взгляд, тот простой факт, что мы не любим перемен, сдерживает нас от взаимодействия с настоящей проблемой. Причина наших глобальных головных болей связана с производством, переработкой и потреблением. Да, я согласен, что строительство фабрик создает экологический беспорядок в процессе, и использование этих продуктов само по себе создает загрязняющие вещества и отходы. Но, я не могу не подчеркнуть это: благодаря этому также создается вкус. Обратите внимание, что вкус иногда увлекает человека сильнее, чем даже обычная одержимость, рушит империи и толкает страны на грань краха. Падение династии Тан это поучительная история. Китайский император Сюань-цзун не обратил внимания, насколько его Ян-гуйфэй была одержима личи. Мне трудно представить, что толстые женщины когда-то были в моде в Китае, но император предпочел полную наложницу стройной императрице. Ян могла съедать чрезмерно много этих экзотических фруктов ежедневно. В результате император разработал превосходную систему. Корзины свежих личи упаковывали на юге Китая и доставлялись во дворец в столице имперскими курьерами на быстрых конях, наездники которых сменялись днем и ночью. И пока Сюань—цзун занимался прихотями наложницы, мятежный генерал Ань Лушань укрепил свою армию, объявил себя императором, и положил конец могущественной династии Тан. Совсем недавно мы верили в экономический скачок Южной Кореи, который занял всего два поколения, но привел к зависимости от кредитов. Этот удивительный рост сделал займы безопасными, но корейцы не обуздали свой кредитный аппетит, а после 90-х годов экономический рост неожиданно замедлился. Даже правительство, чтобы выбраться из финансового кризиса в Азии в то время поощряло кредиты среди населения. То же самое можно сказать и о некоторых европейских странах, таких как Греция и Испания. Долгая калечащая история кредитов привела эти нации в собачью будку финансового унижения Европейского Союза, под постоянные насмешки и издевательства Германии и Англии. Другие вкусы также увлекают общество сверх меры, в результате чего некоторые группы населения оказываются близки к уничтожению. Есть документальное подтверждение, что в восточной части Новой Зеландии архипелага посреди Тихого океана, маори почти уничтожил их мирный сосед, мориори, чтобы контролировать ресурсы, такие как ягоды Карака. История свидетельствует о том, что изолированные цивилизации не избавлены от безудержной жадности. Теперь, когда Бен Ладен, предположительно, покоится в глубинах Северного Аравийского моря, вы можете себе представить как отдел в Пентагоне, ломает мозг, пытаясь расшифровать тайное послание в хите Шакиры «Бедра не лгут». Как покраснели они, когда они поняли, что песня была о нынешней угрозе американских детей? Это единственный способ, которым я мог бы оправдать, что Соединенные Штаты, разжигатель национальных войн, добавили новый фронт, войну с детским ожирением в ряд с войной с наркотиками, непокорными диктаторами, терроризмом, пиратством, бедностью, нелегальными иммигрантами и легальными иммигрантами и т.д. Нэнси Рейган не нравилось быть единственным лидером свободного мира Номер Один (она бы убила за положение Моники Левински), и из-за ее действий, чернокожих за решеткой оказалось больше, чем общая численность черных рабов в 19 веке в Америке. Допустим, что Мишель Обама, первая афро-американская первая леди (и, возможно, последняя) не считает необходимым попытаться обратить вспять тенденцию тюремных заключений, которую проводила ее уважаемая предшественница. Вместо этого она решила возглавить благородный бой, чтобы спасти будущее Соединенных Штатов от нездоровой пищи. Еще взгляните на случаи сорвавшихся детей, запыхавшихся от бессмысленной стрельбы в 2014, в средней школе Арапахо и от резни 1999 года в Колумбийской средней школе, в штате Колорадо, где законодатель из-за угрозы пересмотра выборов за то, что она поддержала контроль над огнестрельным оружием подала в отставку, это поставило под сомнение все из ею заявленных успехов! Мы все знаем, что авторитетные бизнес—школы настаивают на одной линии поведения для будущих гладиаторов. Единственный способ для них выжить на кровавом конкурентном рынке труда, это приносить как можно больше денег своим кукловодам, любыми средствами. Когда я был студентом, я искренне пытался шрамировать этот лозунг у себя на лбу. Конечная цель бизнеса — понять настоящий вкус своих продуктов и, правильно подобрав доступность, ввергнуть нас в психоделической транс. Базовая линия, это создать такую одержимость среди покупателей, чтобы она описывалась грязным и табуированным словом — ЧРЕЗМЕРНОСТЬ. Но подождите! Не стоит полностью винить эти шайки шарлатанов и психопатов. В конце концов, это потребитель решает, учитывая расу, социальную, коммерческую, торговую и политическую среду, а так же религиозные конфессии по всему миру убивать себя, прибегая к массовому самоубийству, только чтобы не отказываться от удовлетворения желания. Пусть даже это однозначно приведет к реальному глобальному экологическому кризису. Говорить объективно об ответственности за то, что человечество на грани самоуничтожения, не упоминая основной фактор — перепроизводство, нехорошо. Это как писать о рабстве, не учитывая важную роль, которую папа Николай V играл в 1452 году, вызвав и поощрив организованную мировую охоту на других людей (других рас и цветов), разрешив письменно королю Португалии порабощать любых неверующих бессрочно! Отвлечемся на мгновение, хотя мы живем в настоящее время далеко от штатов Миссисипи и Алабама, нельзя и выразить, как англо-американская историческая драма 2013 года, «12 лет рабства», напугала меня до моих тонких негритянских костей. У меня нет ни скорости ямайского спринтера Усэйна Болта, ни выносливости кенийского марафонца Денниса Киметто. Я легкая мишень для потомков Типпу Тиба[20]. Причина моего беспокойства проста. На сегодняшний день папский приказ 1452 года так и не был отменен! Отложим мои кошмары, наше стремление избегать попыток разобраться с нашей «фигней», даже больший бич современного общества, чем перепроизводство, и мы, обычно, бросаемся на страны третьего мира. Для того, чтобы изменить то, что

---

[20] Печально известный работорговец, владелец плантаций и губернатор, служивший султанам Занзибара, он организовал много торговых экспедиций в Центральную и Восточную Африку с целью получения рабов и слоновой кости. Он создал много прибыльных торговых постов, достигших глубин Центральной Африки. Тиб создал собственную торговую империю, а затем занялся разведением гвоздики на Занзибаре

стало сущностью нашего бытия, нужен значительный глобальный капитальный ремонт наших принципов, не говоря уже о жуткой социальной, коммерческой, торговой и политической системе. Падение наших заветных диких способов может нанести ущерб всей экономике Бангладеш, придется закрыть ужасные потогонные производства в Дакке. Конца нашему ЧРЕЗМЕРНОМУ «хапанью» не видно в ближайшем будущем. Доказательством этому является то, что даже в самых отдаленных деревнях на этой планете начали проявляться признаки хронического глобального удовольствия: легче найти бутылку кока-колы, чем свежее молоко в любой из отдаленных деревень, в которых я побывал. Я искренне верю, что это всего лишь вопрос времени, прежде чем я увижу банкомат на солнечных батарейках посреди Сахары, конечно, с отпечатком пальца или глаза, для перевода. Меня как-то успокоил один из моих «угнетенных» палестинских друзей во время поездки на его немецком спортивном автомобиле, что наш важный мировой лозунг «Veni, Vidi, Visa[21]» будут распевать следующие поколения.

«Я знаю, оттуда, сверху, прекрасный вид, но здесь внизу, мы тоже должны иметь права».
— Теодор Зойс Гайзель

---

[21] Созвучие с известным лозунгом на латыни «veni, vidi, vici» - пришел, увидел, победил.

Прежде чем мы избавились от наших позорных импульсивных привычек покупать, моя жена и я ходили на эти исступленные Черные пятницы — традиционный торговый день после Дня Благодарения в США. Именно их мы с нетерпением ждали в течение всего года. Несколько лет назад, после того как мы распотрошили (или это нас распотрошили) кредитные карты, мое удовлетворение достигло предела, когда я понял, что прекрасные люди Бангладеша сделали большую часть одежды, разбросанной по всему нашему полу в гостиной. Подумав, я решил, что мы должны спасти всю американскую отрасль розничной торговли и способствовать росту экономики Бангладеш. Среди стран, за которые я ратую, Бангладеш был наверху моего списка в течение длительного времени из-за стойкости этого народа. Как и в любом паршивом разводе, столкновение Бангладеш с могучим Пакистаном оставило его шокирующе обездоленным. Хотя в последнее время, из-за постоянно анонсируемого экономического подъема страны и перспективных прогнозов, по крайней мере, данные весьма многообещающие, у Бангладеш появился проблеск надежды освободиться от зависимости от иностранной помощи и международной финансовой инквизиции. После моей первоначальной оценки магической трансформации экономики Бангладеш, строки пугающей информации начали появляться в новостях и социальных медиа. 30 ноября 2012 года я встревожился, узнав, что 110 бангладешских рабочих были сожжены заживо в швейной фабрике в Дакке, столице Бангладеш. Еще не полностью оправившись от шока, я узнаю, что 1 декабря 2012 года еще 112 рабочих были сожжены заживо на другой швейной фабрике в Дакке. 14 декабря 2013 года это случилось снова. Во всех случаях рабочие или сгорели, или погибли от удушья, в то время как слабых затоптали насмерть, а отчаянно храбрые рискнули и выбросились из окон, конечно, разбившись насмерть. Рабские заводы Бангладеш помогли вывести страну на первое место экспортеров одежды, уступив только китайцам. Частота этих преступлений разоблачила разгул коррупции и нежелание правящей партии принять конкретные меры. Тем не менее, ублюдки кормят этого монстра. Люди продолжают сгорать, и кого мы должны отправить на гильотину? С одной стороны, я вижу агрессивных, одержимых прибылью надсмотрщиков. Стало известно, что они приказали рабочим вернуться на свои места, даже когда дым заполнил воздух и зазвонила пожарная сигнализация на крыше. Но эта группа не большее зло, чем власти, которые прикрывали алчных заводчиков от любых преследований, и запугивали, арестовывали, пытали и даже убивали тех, кто осмеливался бросить вызов их жестоким методам. С другой стороны, что можно сказать о человеке, которого я вижу в зеркале? Покупая всякий мусор в магазинах *Walmart*, которые сейчас на каждом углу, поднимая кредитные лимиты и тусуясь с другими бешеными покупателями на «Черных пятницах», покупая больше дерьма и кормя это глобальное явление, все время пытаясь купить еще больше дерьма, я спонсирую аморальную систему. Немного подумав, я вынес вердикт: из-за вопиющего невежества и эгоизма, в предумышленном убийстве, я признал нас, покупателей, виновными. Преподобный Томас Роберт Мальтус[22], первый экономический профессор и, по совпадению, любимый экономист третьего мира (серьезно?!), несомненно, пройдется железной битой пару раз по Республике Нигер, за попытку прекратить эксплуатацию урана на своей территории паразитической французской государственной атомной компанией «Арева». Но мне это не помогает справиться с чувством вины. Любой здравомыслящий человек, нашел бы возмутительным, что компания не платит ни экспортные пошлины, ни налоги на добычу полезных ископаемых, а также делает отчисления менее, чем шесть процентов от продажи урана, произведенного в Нигере. Это позор, что «Арева» (которая произвела одну пятую часть мирового урана в 2012 году), рыдая, утверждает, что если отнять даже десять центов от льгот, то бизнес в Нигерии будет вести невыгодно. Одна десятая часть добычи урана ежегодного мирового производства Республики Нигер и позорная бедность в стране

---

[22] Английский священник и учёный, демограф и экономист, автор теории, согласно которой неконтролируемый рост народонаселения должен привести к голоду на Земле.

парадоксальный известный факт. Это мерзость, что вокруг второго по величине в мире урановых месторождений один из четырех детей в возрасте до пяти лет умирает от причин, связанных с голодом. Мальтус сказал бы, что голод в Нигере был вечным двигателем в реальности и дети в этой стране, должно быть, привыкли голодать. А как насчет бедной Франции? 1973 год, ОПЕК нефтяного эмбарго заставило гордую нацию освободить ядерную энергетику от зависимости от иностранной нефти. К сожалению, этот роковой шаг сделал Республику Нигер, одну из ее бывших колоний, еще одной жертвой национальных интересов. Экономически неприкосновенный Принцип Парето[23] заставляет человечество не снижать электрическую мощность, которая стала привычной во Франции ради спасения жизней в Нигере. Если бы кто-то в Нигере захотел бросить вызов «Божьей воле» добрый преподобный Мальтус бы сказал, что им следует перестать плодиться, собрать вещи и пройти через пустыню Сахара, смириться с расизмом в Магрибе в Северной Африке, переплыть Средиземное море, и попытаться пересечь незамеченными границу, чтобы высадиться на откровенно расистских берегах Италии. Что ждет везунчиков в конце радуги, которые переживут такой

[23] Эмпирическое правило, названное в честь экономиста и социолога Вильфредо Парето, в наиболее общем виде формулируется как «20 % усилий дают 80 % результата, а остальные 80 % усилий — лишь 20 % результата».

предательский исход? Жизнь в ловушке унизительного французского романтизированного гетто, в то время как других отправят обратно, бесплатно, в их забытую богом страну, Нигер. Несколько упрямцев попробуют повторить это снова и снова, пока они не поймут свое Предназначение: их жизнь — это ад. Как вежливо сказал преподобный Мальтус: «В лотерее жизни, бедность — это проигрыш».

«Конца света не будет, но человечество достаточно скупое, чтобы что-то вернуть, поэтому мир каждый раз обнуляется».
— Чиа А. Абдулкарим

Цивилизации, которые доминировали в древнем западном мире, такие как ассирийские, египетские, персидские, греческие и римские царства, все были последовательны в своем варварстве и порабощении других народов. В Новый Свет европейцы принесли с собой индустриальное рабство, войны, распространение алкоголя, болезней и религии (черные одежды), концепции, которые уничтожили индейцев Северной и Южной Америки, американскую культурную основу и окружающую среду. Тем не менее, самым разрушительным были явления эгоизм (индивидуализм) и жадность (капитализм), яростные фурии, неизвестные коренным американцам в то время. Добытчики пушнины записывали ужасы, которые они творили, например стреляли «дикарей» (коренных американцев), в том числе женщин и детей, щадя только «Bois-Brûlés» (метисов), как это было широко принято в то время. Я до сих пор не могу смириться, что практика удаления кожи с верхней части черепа, которую мы считаем ритуалом коренных народов, когда-то была в моде. В 1791 году энтузиаст религиозной группы предложил сто долларов за каждую враждебную индейскую кожу головы с двумя ушами (Клиланд, 1950). Аллилуйа, к середине 1800-х годов, мода в Европе изменилась, производители стали использовать шелк вместо индейской кожи, что привело к коллапсу цен на меха и к концу торговли. Бессовестные существа, как Джейкоб Астор[24] оставили несомненные следы в истории торговли, как мы знаем сегодня, и его Американская Меховая Компания — жалкий отзвук для капиталистов и корпораций текущей эпохи. Понимание, что талисман моей альма-матер, Университета в штате Флорида, как и болельщики «Краснокожих» (команда по американскому футболу) – это белые пижоны, которые покрасили лица встревожило меня, заставив задуматься, что спасение коренных американцев всегда запаздывало в Америке. Путешествуя среди игорных дворцов управляемых индейскими племенами я абсолютно уверился, что потомки тех немногих, кто из них остался жить в резервациях живут лучше, чем я.

[24] Американский миллионер, бизнесмен, писатель, член известной семьи Астор и подполковник, участник Испано-американской войны. Погиб во время крушения «Титаника»

Или нет? Другой трагический геноцид (по оценкам, от двух до пятнадцати миллионов конголезцев) в «Свободной торговле Конго», который, как известно, финансировал король маленького гордого королевства Леопольд II, создавший впечатляющие общественные и частные постройки в Королевстве: людей из деревень нанимали, чтобы удовлетворить заказы по производству резины, и людям отрезали руки, если они не отвечали требованиям. К сожалению, если кто-то зайдет в колониальный Королевский музей Центральной Африки он может сказать, что эти утверждения ложь и я их выдумал из-за нелюбви бельгийцам и моей причудливой фантазии, нет никакого упоминания о зверствах в Свободном государстве Конго, хотя есть большая коллекция музея колониальных объектов. Не может быть никаких сомнений в том, что, и без изобретения синтетического каучука, в основном из побочных продуктов нефти, которые, в свою очередь, дрожжи для безумных арабских деспотов, порочный Леопольд II и, впоследствии, в целом насильственная колонизация Бельгией Конго подкосила мой народ. Я один из непосредственных участников этой пугающей изобретательности. Конголезский кошмар продолжался даже после окончания колонизации. Уже более десяти лет, от конголезского проклятия иметь в изобилии желанные полезные ископаемые, до сих пор страдают мужчины, женщины и дети, подвергаясь геноциду (по оценкам, шесть миллионов конголезцев мертвы, и счет продолжается). Колтано (сокращенно колумбит—танталит и известный в промышленности, как танталит) является золотой жилой имперских устремлений региональных деспотов. Я жду, когда Силиконовая долина представит новые устройства в этом году, в надежде, что мир скоро разработает альтернативный способ создания ниобия и тантала, используемых в электронных продуктах, и это положит конец нынешнему пути вести бизнес. Признаюсь, я чувствовал сильное отвращение к человечеству в целом во время написания первых трех глав этой книги, потому что, в основе, мы все связаны нашей сознательностью. Потом я вытащил вдохновляющий разговор со свекром с пыльной полки своего мозга. Столкнувшись с проблемами в бизнесе и американскими горками личной жизни, с тем, что падений больше, чем взлетов в последнее время, он говорил, что мир полон злых людей. Я не мог не попытаться разбавить его мрачный взгляд на мир и сказал: «Я хотел бы верить, что плохих людей немного на нашей планете, но много тех, которые решили творить ужасные вещи. К сожалению, мы все гонимся за наслаждениями – *Гангнам стайл!*

# Политика

## Интерлюдия 2

Кажется, каждый раз, когда я оказываюсь рядом с тобой
Что-то безумное происходит внутри
Я боюсь, что все взорвется
Слава — лишь инструмент самоуничижения
Я вижу, как жемчуга сияют с Марса
Как ныряют в восхитительные звезды
Как любовники тонут в уродливых машинах
Захваченные этим огромным всепоглощающим огнем полета

Полные жизни, но с чувствами надгробного камня
С щитами на сердцах, от вторжения красоты
И на этот камень взбираются крысы
Голуби швыряют драгоценные камни и золото
Змеи счастливо млеют в холоде
Обезьяны качаются на всех корнях, до которых могут дотянуться
Захваченные этим ярким задумчивым огнем жизни

Голуби больше не умеют летать
Волшебство уходит
Но они надеются снова отрастить крылья
Они больше не будут летать над вашей гаванью
Повсюду вязкое королевское высокомерие
Ксенофобная сакральная атмосфера

Эта трагедия ждет последнего танца
Непослушные мысли отравляют каденцию
Захваченные ярким трагическим огнем

Если в вас его нет
Прямо сейчас выключите свет
Найдите этот зов внутри себя
Поймите, что вы испытываете сейчас
Захваченные этим суровым огнем отчаяния моего сознания

ГЛАВА ПЯТАЯ

# Фальшивые утверждения

«Те, кто действительно убежден в том, что добился прогресса в науке, не требуют свободы для новых взглядов, они будут работать бок о бок со старыми, но заменяя старые взгляды новыми».
— Владимир Ленин

В начале 2014, я выпустил своего гиперактивного ребенка, бегающего по кругу в кухне с поднятыми руками, как великий Мухаммед Али, вызывая подозрение у жены, что я снова начал ходить на попойки. Но я нет!.. Я был просто поражен известием, что Донгриа Конд[25] смогли выпнуть отморозка-конгломерата, гигантскую фирму Веданта, которая разрушала Холмы Ниямджири за богатые запасы

[25] Племя в Индии

боксита. Решение в пользу племени указывает на некий терапевтический уровень справедливости, учитывая, что это страна, где «Хап Панчаяты», племенные суды Индии, вынесли решение о групповом изнасиловании 20-летней индианки в наказание за отношения с другим гражданином Индии, но из другой касты. Постоянные противоречия Индии показательны для любого страстного историка. Глядя на фотографии красивого Тадж-Махала, мир и спокойствие охватят сердце серийного убийцы. Я признаюсь, что я уважаю любовь Индии к аутентичному мускусу тела и ее удушающие запахи кухни, но мой сломанный чувствительный нос и страх перед приступами астмы удерживали меня от поездки в эту зачарованную землю и блуждания вокруг этого гигантского мавзолея. Индия — страна, где полуголый педофил вежливо попросил могучих английских конкистадоров убраться, и неожиданно в 1947 году, они так и сделали. Прошлое этой нации, так же богато и ошеломляюще, как и ее настоящее. В начале второго тысячелетия, новая куча индийских рупий помогла этой стране начать чарующее наступление на запад, и ее стали рассматривать в качестве авангарда. Сейчас Индия не только экспоненциально расширила свою сферу услуг, но также устраивает научно-исследовательские центры лидеров в области высоких технологий торговли. Количество и качество выданных патентов и развитие передовых технологий в Индии идет столь же хорошо, как в Силиконовой долине,

Мекке гиков, в Соединенных Штатах. Одна из самых интригующих особенностей культуры Индии это тысячи лет культурных преобразований с влиянием индусов, христиан, сикхов, буддистов, исламистов и других религиозных и философских течений. На поверхности, чувство наследия индийцев их великой цивилизации, кажется, отлично смешивается с выбранным путем страны к развитию и процветанию, некая кривая форма капитализма. Мы все хорошо знаем об уникальном капиталистическом рецепте для такой страны, с непостижимым количеством полезных ископаемых: «Бури, детка, бури».

Посмей мы поцарапать тонкий слой культурной лавы, мы получаем клейкую карри ароматизированную смесь споров и клептомании, которые всасывают нас в героический Аватар, в истории, которые могли бы затмить в погоне за пышную эпическую концовку даже умопомрачительных сценаристов в Голливуде или Болливуде. Для Донгриа Конд, вершина Ниямджири Холмов — это священная гора, место их бога, которое нужно сохранить любой ценой. Для Веданты, на вершине холма находится пещера Али Бабы, шахта боксита, которую нужно взорвать и открыть любыми средствами для большего обогащения Анила Агарвала. Эти далекие друг от друга идеи и потребности столкнулись, и начался бой. Ярые сторонники Веданты это не только коррумпированные политики, это и наивные члены племени, которые ожидали значительную часть богатства от горного проекта. Эти отщепенцы были изгнаны со своих земель, а взамен получили несколько ветхих бетонных домов, окруженных колючей проволокой, кропотливую горную работу, лачугу в качестве школы для своих детей, и обещания еще больше этих благословений/оскорблений. В духе той же возмутительной схемы наживания на невинных, Веданта и другие конгломераты известны либо прямым участием, либо когда они прячутся за их дочерние предприятия (например: шахты Конкола Купер в Замбии) по всему миру. В настоящее время нет коренных жителей, которые владели бы землей богатой ресурсами и которые бы получали прямую прибыль от этого. С нашей точки зрения, Донгриа Конд — относительно грязные бедняки, «нецивилизованные», у них нет мега торговых центров и банкоматов. К сожалению, они вынуждены прибегать к охоте и срывать бесплатно плоды с деревьев, чтобы прокормить свои семьи. Как выразился аналитик/бандит, нанятый Веданта, Донгриа Конд очень бедны на горе с таким богатством под ногами. Для этого капиталистического умника, единственный способ решить эту ситуацию и изменить эту картину — это уничтожить экосистему и вырыть драгоценную руду. Я смотрю на карту мира в нашей спальне, мои глаза смотрят на город Дельту в Нигерии, где когда-то обещали то же самое. В этом регионе, люди не выиграли ничего от бурения нефтяных скважин. Ну, то есть, они получили отравление воды, уничтожение растительности и сельскохозяйственных земель в результате разливов нефти, которые толкнули коренные народы в пропасть крайней нищеты.

Обстоятельства вызвали народные восстания в городе, люди хотели повредить трубопроводы, это был акт отчаяния. Такая хищная тактика присуща компаниям, и они по своей сути не ограничиваются расовыми мотивами превосходства. Я был в Уэльсе и видел пережитки английских злоупотреблений и нечеловеческих условий, окружающих валлийские угледобывающие города. Кардифф, столица и самый большой город в Уэльсе, был крупнейшим портом экспорта угля в мире. Там нет никаких следов богатства. В результате моей поездки по миру, я аплодирую безжалостному прагматизму индийского аналитика. Красивая картина, сценарий которой он описывает, не материализовывалась никогда в этой галактике. Это ложное утверждение.

«Глобализация и свободная торговля стимулируют экономический рост, и они приводят к снижению цен на многие товары».
— Роберт Рейх

На протяжении многих веков, глобализация и свободная торговля идеализировались, подчеркивая достоинства капитализма, эффективность системы, где цена формируется на основе информации между покупателями и производителями и где есть распределение ресурсов. Капиталистические адепты взяли эту тему, как символ веры, как золото или навоз. Если мы послушаем Роберта Райха, лепрекона у конца радуги, мы примем эту утопию, как верную. Я так же думал! Я посмотрел его документальный фильм «Неравенство для всех». Грустные запоминающиеся истории почти заставили меня закрыть глаза на то, что он не принес ничего нового к столу, не добавил ничего, что бы ни знали под кипящим солнцем. Довольно долго, я делал вид, что стал более разборчивым в еде. Я понял, что то, что я думал про сахар, это просто способ игнорировать факты. Это зависимость, которая вышла из-под контроля, когда я переехал в Соединенные Штаты. Я был наивным, полагая, что обилие и относительно низкая цена на сахар были обусловлены эффективностью производства и технологическими изменениями. Я не знал, что за счет вкладов в избирательные компании, кубинские братья Альфонс и Хосе Фанхулы держали Конгресс США на коротком поводке. Их успех, по мнению правительственных и независимых исследований, обходились дорого для меня, потребителя. Я был потрясен, узнав, что вложения в сахар, стоили покупателям миллиардного роста цен на продукты питания в год. Что насчет людей, которые живут на другой стороне радуги? Те люди, где правительства хотят увеличить минимальный размер оплаты труда, а психоаналитики на Западе осторожно не советуют это делать под предлогом, что это сделает их страны менее привлекательными для финансовых растлителей и менее конкурентоспособными в Формуле 1 дешевого труда, в борьбе за Гран-при. Я бы посоветовал этим странам забыть про повышение минимальной заработной платы по другой причине. Это не решение социальной, коммерческой, торговой и политической несправедливости, по-простому, это не решит проблему неравенства. Даже люди на другой стороне радуги придерживаются теории воздержания[26] Нассау Уильяма Сениора, построенной вокруг мифа, что люди богатеют, потому что не тратят, и на искаженных интерпретациях заблуждения Адама Смита[27] о невидимой руке[28]. Я удивлен, что эта жалкая отговорка перешла через все культурные и географические

---

[26] Теория согласно которой стоимость определяется не трудом, а издержками производства, которые определяются трудом и капиталом.

[27] Шотландский экономист и философ-этик; один из основоположников экономической теории как науки. На его работы опираются представители различных экономических школ — как классической политической экономии, так и «австрийской»

[28] Популярная метафора, использованная Адамом Смитом в трёх работах. Впервые она появляется в раннем эссе «История астрономии». Работа не была издана при жизни автора, фраза не имела экономической направленности (речь шла о руке древнеримского бога Юпитера). В работах «Теория нравственных чувств» (1759 год) и «Исследование о природе и причинах богатства народов» (1776 год) фраза использована при описании механизма влияния индивидуальных интересов на максимизацию общественного богатства.

границы. Оглянитесь, Мукеш Амбани, владелец дома за миллиард долларов не единственный гуру, который качает свои финансовые мускулы. Как насчет великолепной лодки Стива Джобса, которую он купил перед смертью, чтобы потыкать эго российских олигархов? А что сказать о супер дорогих автопроизводителях, Бугатти и Роллс Ройса, которые не способны создавать столько машин, чтобы идти в ногу с постоянно растущим мировым спросом? Существует множество доказательств, начиная с сооружений типа египетских пирамид и римских оргий, которые опровергают теорию Сениора. Фундаментальные вопросы о нравственности накопления богатства уже давно забыты. Коронация жадности в качестве основной добродетели привела к кровососущим финансовым заговорам. Мы видим расцвет зон свободной торговли, которые являются текстильными заводами возле доков, которые дают четкое представление о сложности и масштабе эксплуататорской схемы. Для этих современных коммерческих и торговых растлителей жизненно важно, для свободной социально-экономической зоны насилия, располагаться рядом с крупными морскими портами, международными аэропортами и национальными границами. Такой подход дает им тактическое преимущество, когда рабочие осмеливаются требовать своих прав и протестуют против низкой заработной платы и жалких условий труда, владельцы просто закрывают магазины и переезжают в другую наивную страну третьего мира, полную лживых непатриотических экономистов и политиков.

Что глобализация и свободная торговля успешно сделали — так это заставили развитые страны в дотационных крупных секторах их отраслей национальной гордости использовать власть и склонить чашу весов против остальных слабых и покорных народов. Эта схема похищения с целью выкупа прибыльна для коррумпированных политиков. К сожалению, реальный побочный эффект ощущается остальной частью бессильного мира. Соединенные Штаты освоили и выиграли все золотые медали в этой игре. В то время как наш друг Роберт Рейх служил Соединенным Штатам как министр труда и крестоносец повышения минимальной заработной платы, Билл Клинтон держал Ямайку за горло, в то время как высоко субсидируемые молочные компании из Арканзаса, его родного штата, выкручивали руки и пинали ямайский молочный сектор. В документальном фильме «Жизнь и долг» местные фермеры рассказывают, как картофель, лук, морковь, импортируемые из США, выставили их из бизнеса, истребляя целые деревни. Роберт Райх был достаточно стар, чтобы испытать на себе последствия господства капитализма и его наиболее активного политического щупальца — демократии. Его избирательная память должно быть стерлась, относительно факта, когда «AT&T», спонсируемая правительством была на пике своего влияния, и эти автократы-монополисты телефонных линий США, правили больше века. Во имя Капитализма сто семь лет, инновации в технологии связи в Соединенных Штатах сдерживались, потому что любое изобретение, которое не принадлежало единственному поставщику услуг телефонной связи Соединенных Штатов, было запрещено и вне ее пределов изобретателям было запрещено испытывать их новые устройства. Тестирование любого устройства на бережно охраняемых телефонных линиях считалось вопиющим преступлением и строго каралось долгим тюремным заключением. Если вы жили в сельской местности или в городе, которые компания считала не выгодными, ну, вам просто не повезло. В результате моего мирового турне по реальному миру, я аплодирую вредной рациональности лепреконов и их примитивным выводам. Нет никакого золота ни в начале, ни в конце этой радуги. Это ложное утверждение.

«Религия есть то, что удерживает бедных от убийства богатых».
— Наполеон Бонапарт

25 февраля 2014 года меня разбудили новости, которые я и представить себе не мог: невероятный акт чистого зла, совершенный африканцами против африканцев в африканской стране. Нигерийская экстремистская исламская группировка напала на

федеральный государственный колледж в городе Буни Яди в штате Йобе и убила мальчишек, пока они спали. Некоторые из этих невинных детей сбежали с огнестрельными ранениями и умерли от ран. Почему-то эти сумасшедшие пощадили девушек. Эти маньяки вдруг решили напасть на тех, кого они считают «неверными». Это группа из исламских священнослужителей, мусульманских лидеров и политических деятелей, таких как бывшие военные руководители государства, генералы Мохаммаду Бухари и Ибрагим Бабанджида. Помимо своей идеи создания исламского государства и других нелепых требований, суть их недовольства выражает гнев бесправных масс. Нигерийцы видели достаточно скандалов, в которых элитный класс обвиняли в перекачивании миллиардов нефтедолларов из казны страны, и они продолжают наблюдать за тем, как сибаритствует этот богатейший класс. Ислам не виноват в тех бойнях, что сейчас происходят в Нигерии. Группа Боко Харам (на языке хауса это означает: западное образование — это зло) приняла эстафету, там христианские повстанческие группы, выгнали мальчишек из Дельты с излишней непристойной жестокостью. Поскольку разрыв между бедными и богатыми в нефтедобывающей стране Африки номер один достиг безумного уровня, отложив эмоции в сторону, можно сказать, что не стало неожиданностью, что безработица и голод подняли их над их страхом пыток и тюремного заключения и отправили в эти крестовые походы вслепую. Наполеон Бонапарт знал это лучше других, он рос в месте, где единственная цель была защищать интересы состоятельных людей. Армия традиционно использовалась не только чтобы завоевывать и грабить более слабые или наивные страны, но и чтобы прижимать бедных, которые осмеливаются продемонстрировать свое недовольство правящему классу. И сейчас ничего не изменилось. Утверждение о том, что страх перед невидимым могучим существом мешает бедному придушить богатого абсурдно, как и пигмейская мечта иметь весь мир у ног. Став консулом Франции, Наполеон изменил судебный кодекс на основе новых принципов равенства всех перед законом, это показывает, что он был хорошо осведомлен, что тюрьмы построены элитой, чтобы заполнить их бедными. Даже если новый кодекс заменит противоречивые местные кодексы и королевские указы, это не изменит систему, где берегут богатых и их богатство. Оковы и бедняки в робах — эффективный способ держать других бедняков подальше. Лучшее в инструментарии богатых людей — это научные круги. Потеряв нравственность и всякий стыд, академические институты, вероятно, полезны для их щедрых благотворителей. Ни одно другое поле не работает для легитимизации капитализма в социальной, коммерческой, торговой и политической сферах науки так, как экономика. Я считаю ужасным, что бартер и «тупая» торговля, которые являются одними из самых эгалитарных[29] торговых систем, сейчас объект насмешек для сегодняшних политических и экономических учеников корифеев. Эти проплаченные бойцы обманули нас всех, заставив поверить, что небольшая группа владеет всеми средствами производства. Даже великие умы, такие, как Карл Маркс попали в эту ловушку и охотно транслировали эту возмутительную басню. Но в его защиту, он позднее пытался исправиться и выдернуть красную дорожку из-под ног капиталистов, ставя под сомнение их происхождение. Тем не менее, это обескураживает, и безрассудная концепция ошеломляет рабочих. Правду нужно сказать, но не сейчас. Вы согласитесь со мной, что вечный социальный, коммерческий, торговый и политический дисбаланс существует из-за небольшой группы негодяев, которые поняли, как контролировать все средства производства и выживают с помощью силы или манипулирования массами. Это касается западных систем торговли, принятых и в остальной части мира. Сегодня мировой консенсус в том, что капиталисты также заслуживают того, чтобы владеть всем этим, потому что они же «создатели рабочих мест». Почему мы влюбляемся в дураков? Я искренне верю, что люди, как сэр Пол Кольер, который утверждает, что

---

29 Концепция, в основе которой лежит идея, предполагающая создание общества с равными политическими, экономическими и правовыми возможностями всех членов этого общества. Противоположность элитаризма.

колонизация не имеет ничего общего с непрерывным африканским хаосом, который мы наблюдаем сегодня, заслуживают гильотины! Я клянусь, я близок к применению китайского метода пытки водой к пожилой белой леди, которая похвалит имя Дамбиса Феличии Мойо[30]. Меня возмущает, возвеличивание имени Дамбисы и ее работа в сфере торговли рабами стоили дискредитации работы невероятно честных африканцев и африканских неправительственных организаций, с которыми я лично встречался. Большинство людей бедны, но они посвятили свою жизнь протягиванию руки помощи менее удачливым. Помощь — это облегчить жизнь людям, пострадавшим от гнева или капризов матушки природы или общества, испытывающего социально-политико-экономическую разобщенность, и смысл этой помощи оценивается только в этом контексте. Конечно, Дамбиса, Кольер, и другие скоморохи успокаивают совесть белых людей и избавляют их от чувства вины за апатию. Разрушительное следствие принятия этой бессмысленной позиции является свидетельством того, как мало мы знаем о социальных последствиях и опасностях пропаганды Йозефа Геббельса. Разве кредиты и гранты, предоставляемые странам с низким уровнем жизни, даются не под

---

[30] Экономистка из Замбии и авторка, которая анализирует макроэкономику и глобальные дела. В настоящее время она работает в совете Barclays Bank, группе финансовых услуг, Seagate Technology, Chevron Corporation, мирового добытчика Barrick Gold и компании 3M.

эгидой гуманитарных соображений? Легко манипулировать ослабленными кредитами и грантами нациями, что решительно затмевает тот факт, что помощь, хоть как-то работает. В чем настоящая проблема? Это не имеет никакого отношения к росту уровня жизни и экономики. Почему? Из-за идеологий прихотей доноров. С другой стороны, взятие в долг сработал для западных стран и стран, квалифицированных как умеющих держать экономику на плаву и умеющих кормить зависимость от потребления. Моя жена, как и многие другие присосавшиеся, думала, что спорадическая[31] щедрость богатых людей рождается от чувства вины. Если она была бы права, то чувство вины заставило бы Билла Гейтса отдать все свое состояние и акции *Microsoft*, и остаться без денег. Гейтс должен бы жить как монах в течение нескольких поколений. Только он этого не делает! Единственное когерентное[32] объяснение в том, что, вкусив хорошую жизнь на Земле, сама мысль о продлении комфортной жизни за пределами смерти стимулирует безжалостных капиталистов таких, как Джон Дэвид Рокфеллер, Эндрю Карнеги, Патрис Мотсип, а также бессердечных монархов и деспотов, целовать перстни священников, или, ограбив массы, пытаться откупиться от ада филантропией. Религия это единственное, что держит клептоманьяков и

---

[31] Спорадический - не имеющий всеобщего распространения; случайный, единичный, отдельный.
[32] Здесь: связное

тиранов от уничтожения бедных. Во всем мире, разрушительный удар по социальному, коммерческому, торговому и политическому неравенству нанесла изощренность прибыльной системы в тюрьмах и расширение правоохранительных органов. На протяжении всего моего путешествия, я видел одну и ту же схему вращающихся дверей, которая ловит ничего не подозревающих бедняков. Независимо от того, где я был, я видел рейды против бедных, которые проводила полиция по ночам. Даже после того, как их освободят, здоровенные штрафы привяжут их к судебной системе, чтобы генерировать страх и деньги, чтобы поддерживать все, как есть. Я сочувствую корсиканскому акценту Наполеона и плохому пониманию французского языка. Утверждать, что религия является тем, что удерживает бедных от убийства богатых, это самообман. Это ложное утверждение.

«Когда свергают монархию, небо становится не таким ярким, ибо оно теряет звезду. Республика – это уродство, ставшее свободным».
— Анатоль Франс

Возможно, я глуп, но я всегда презирал монархию, как продукт жестоких нашествий и темных времен, и даже в капиталистическом омоложенном стиле, монархи утратили свою актуальность в современной экономической системе. В чем смысл давать одной семье и ее близкому кругу друзей полное право обирать целую общину? Кровная линия? Но туризм — это аргумент для сохранения монархии. Да, японский император привлекает множество туристов, которые потенциально приносят значительный доход и активизируют экономическую деятельность. Да, возможно. Нет причин оправдывающих ошеломляющие затраты, связанные с содержанием шоу с пони, устраиваемых их «высочествами» за счет своих граждан. Это больше похоже на денежный развод, чем на туристический аттракцион. Религия часто используется, чтобы оправдать необходимость монарха. Здравый смысл должен преобладать над этим смехотворным предлогом. Опять же, республики имеют своих королей и королев. Монархи ссылаются на право крови, политические лидеры, магнаты и руководители просто считают, что они лучше, чем все остальные, и им все должны по умолчанию. Трудно переварить замечательные потуги на привилегии этих почтенных «сверхлюдей». В зависимости от эксцентриситета[33] или порочности их сознания, эти привилегии варьируются от особняков, экзотических поездок на «конференции», роскошных автомобилей, власти и разврата. «Умланга» реальна! Это происходит весной каждый год в маленькой стране Свазиленд, когда извращенец-король Мсвати III пускает слюну на

[33] Числовая характеристика конического сечения, показывающая степень его отклонения от окружности

параде тысяч обнаженных девственниц, в том числе собственных дочерей, где он ищет новых наложниц в свою флотилию жен. Это бледнеет по сравнению со сказками про Екатерину Великую, про регулярные сношения с лошадьми, после утех с любовниками. Мы не узнали бы, что испанский король так часто летал в Африку, если бы он не сломал бедро и ему не пришлось лететь обратно на операцию. Король Испании Хуан Карлос, сфотографированный перед мертвым слоном с винтовкой, получил уведомление об увольнении от президента всемирно известного фонда Испании по защите природы. Отсталость монархии показана во всей красе, так же, как и отсталость ее свиты — аристократии. Я был сбит с толку, узнав, что с английским размахом, к которому Англия привыкла, аристократии все еще принадлежит большая часть земли в Великобритании и девяносто мест в Палате лордов. Есть много глав государств, которые де-факто монархи. Длинный список маньяков, которые захватили высшую должность в республике и удерживают ее в течение более, чем двадцати лет, включая Пола Бия в Камеруне, Мохаммеда Абдул-Азиза Сахрави в Арабской Демократической Республике, Александра Лукашенко в Беларуси и Ислама Касимова в Узбекистане (большинство из них главы африканских государств). После этого, многие турки решили поступать так же, вознамерившись побить рекорд Пола Бия. Что действительно не так с людьми, когда жадность до величия накрывает их психику? Возьмите деревенского психа, Жана-Беделя Бокассу[34] — военный офицер, который пришел к власти после государственного переворота и после одиннадцати лет в качестве президента, решил короновать себя императором, следуя по стопам своего кумира Наполеона. На церемонии коронации, была инкрустированная бриллиантами корона, стоимостью в пять миллионов долларов, которая разорила уже и так обедневшую нацию. Три года спустя, Франция положила конец его кукольному царству террора, смешанному с патокой капитализма после того, как он приказал вырезать школьников, которые отказались носить форму, сшитую на заводе, которым он владел. Я признаю, что есть куча уродливых республик, но жирные монархи и параноидальные монархии в разы хуже. Более того, попытки современного общества обосновать монархии в качестве символической идентичности нации — жалкие. Если вы отбросите эти попытки, то увидите, что страны с самоналоженной унизительной договоренностью отказываются расти. Это объяснение хорошо согласуется с последним правителем Тонго, Тауфа'ахау Тупоу IV, который утверждает, что его слуги, как дети: им нужна фигура отца, чтобы направлять их. Но зачем нужен такой извращенный

[34] Президент Центральноафриканской Республики с 1 января 1966 по 4 декабря 1976, император Центральноафриканской империи с 4 декабря 1976 по 20 сентября 1979, маршал. Один из самых эксцентричных диктаторов XX века.

отец, чьи единственные цели, это увековечить давнюю традицию растления своих детей? Как только реальность столкнулась с этими сантиментами, все изменилось в отношении Гьянендры, шаха, последнего короля Непала. Его неуместные утверждения, что он никогда бы не стал идти против своего народа развалились, и монархия была упразднена. Что сказать о заявлении Аристотеля «Монархия — это система управления, где власть осуществляется на благо всех»? К сожалению, это аморальное утверждение!!

«Бедные люди это те, кто работает, чтобы попытаться сохранить дорогой образ жизни и всегда хотят все больше и больше».
— Хосе Мухика

Историки не пришли к консенсусу в определении причинно-следственной связи между различными событиями и экономической политикой правительства во время Великой депрессии. Для кейнсианских экономистов, спад был вызван экономическим пузырем. Монетаристы считают, что Великая Депрессия была вызвана сокращением денежной массы. Новые классические макроэкономики утверждают, что различные стратегии на рынке труда, введенные в начале века, сделали Великую депрессию такой долгой и суровой. Австрийская школа экономики обвиняет основные банковские решения, которые привели к ошибочным инвестициям. Я хочу сказать, что марксистские экономисты поняли депрессию наполовину неправильно — их симптом классизма, и наполовину правильно — их рассуждения о неустойчивости, присущей капиталистической модели. Существует преобладающий обличительный тон, уверяющий, что жадность бедных привела к экономическому катаклизму, как депрессия в 1929 году. Надолго исчез из наших умов Артур Уильям Каттен, который был одним из самых успешных спекулянтов Америки и в 1920-е годы одним из самых богатых американцев. Что еще более важно, он был подстрекателем финансовых группировок, которые подтолкнули рынок акций на рекордно высокий уровень весной 1929 года, вызвав Великий Крах в октябре того же года. Вы когда-нибудь слышали имя Джесси Ливермор, также известного как «Большой Медведь» и «Чудо Уолл-стрита», он был одним из самых ярких и успешных рыночных спекулянтов в истории Уолл-стрит? Он также был одним из самых известных аферистов, которого обвиняли в Великом Крахе 1929-го, он хвастался в своей книге, что сделал более 100 миллионов долларов на этом. Депрессия 1929-го года случилась не из-за того, что люди искали работу, и вдруг не смогли ее найти. Я не знаю, смеяться или ужасаться, когда слышу, что депрессия была вызвана желанием людей иметь определенную заработную плату, и которые решили остаться дома вместо того, чтобы ужаться в своих запросах. Когда общество разрывает этические гарантии, есть ушлые люди, которые всегда найдут лазейку, чтобы обернуть это к своей выгоде. Напор и убежденность, с которыми они преследуют выгоды, всегда приводит к кризисам, начиная от социальных и политических и заканчивая экономическими. Теперь, пожалуйста, давайте не будем играть в страуса. Великая депрессия 1929 года случилась не из-за низкого темпа роста денежной массы и желания рабочих работать только за высокую зарплату или не работать вовсе. В противном случае, то же самое можно сказать и о немецкой депрессии, которая привела к восхождению зарождающейся нацистской партии и Адольфа Гитлера в 1933 году. Если это было так там, то это должно быть так и здесь. А что вы скажете про недавний взрыв на рынке жилья? Вы и я пережили последний экономический кризис, который пошатнул мировую веру в капитализм. Если вы все еще верите в лозунги современных финансовых гуру, я нежно попрошу вас снять 3D-очки и покорно посмотреть на правду: кризисы, начиная от социальных, коммерческих, торговых и политических, как и гражданские войны, ведутся или начинаются картелями, которые хотят нагреть на этом руки. Это не предположение, а реальность!!!

«Каждое утро в Африке, газель просыпается и знает, что она должна бежать быстрее самого быстрого льва или ее убьют. Каждое утро в Африке, лев просыпается

и знает, что он должен бежать быстрее, чем самая медленная газель или он будет голодать. Не имеет значения, лев вы или газель... когда взойдет солнце, вам лучше бежать быстрее».
— Кристофер Макдугалл

Есть что-то эротическое, в том, чтобы наблюдать, как стая разъяренных людей начинает видеть провалы капитализма — неравенство и, как следствие, дискриминацию. Однако, как сорокалетняя девственница, на сегодняшний день я перестал жить надеждами, когда кто-то обращается к культурному дефициту современной доминирующей системы торговли. Они постоянно заканчивают структурными средствами правовой защиты, что, по мне, совершенно нелогично. Когда людей из движения «Захвати Уолл-стрит» в Нью-Йорке спросили, как решить социальное, коммерческое, торговое и политическое неравенство, они барахтались в мутном бассейне налоговых и демократических реформ, в основном оставляя тот же статус-кво, но требуя, чтобы каждого душили с равной же силой, но только до первой рвоты. Такие взгляды — чушь и они опасно выгравированы в нашем сознании, нашей неспособности или медлительности понять альтернативную систему торговли, чтобы порвать с иррациональностью и осуществить необходимые изменения в культуре. Переделав известное изречение Черчилля, капитализм — наихудшая форма экономики, из всех других форм, которые бывало применялись время от времени. В то время как экономисты и те, кто считает себя такими, бегают по кругу подняв вверх большие пальцы, каждое утро в Индии, женщина просыпается и знает, что она должна бежать быстрее самого быстрого вооруженного бандита. В Греции, иммигрант просыпается и знает, что он должен бежать быстрее самого быстрого националиста. В Бразилии, подросток в трущобах просыпается и знает, что он должен бежать быстрее, чем самый быстрый коррумпированный полицейский. В Чикаго, мать просыпается и знает ее дети должны бежать быстрее, чем самые быстрые члены банды. В России правозащитник просыпается и знает, что он должен бежать быстрее, чем щупальца хитрых быстрых агентов Кремля. В Гватемале согнанный с земли знает, что он должен бежать быстрее, чем пуля. В Афганистане, врач, который делает прививки против полиомиелита, знает, что он должен бежать быстрее, чем пули параноидальных талибов. Каждое утро на всей территории Соединенных Штатов, черный подросток просыпается и знает, что должен бежать быстрее, чем самый ретивый сотрудник полиции и/или вооруженный белый человек. Не имеет значения, лев вы или газель, когда взойдет солнце, то вам лучше бежать быстрее или с вами покончено. *Это правдивое утверждение!*

ГЛАВА ШЕСТАЯ

# Продажность

«Путешествие фатально для предрассудков, фанатизма и ограниченности, и многим из наших людей нужно учитывать это. Широкие, системные, благородные взгляды людей не могут развиваться у прозябающих, у живущих всю жизнь в одном маленьком уголке земли».
— Марк Твен

Эти злобные френды в соцсетях, которые дразнят наших родственников, знакомых, и которые донимают всех фотографиями закатов в очень желанных, а иногда и не очень, местах с края земли — это Тара и я. Это наш путь, предлагать возможность жить оценивая текущую ситуацию, пользоваться нашим опытом, и это не стоит им ни копейки. К тому же, это забавно, и способствует путешествиям: они мечтают о следующем отпуске, а затем напитываются завистью. Хотя я только что сделал это обобщение, поверьте мне, пренебрежительные замечания и хитрые вопросы, которые нам задают, привели бы любого к таким же выводам. Люди, пытаясь найти оправдание вести патологически унылую жизнь, часто спрашивают, на какие деньги Тара и я можем позволить себе путешествовать во все эти фантастические и необычные страны. К моему удивлению, нас несколько раз спрашивали, черную пару, почему мы так рискуем, ездя по деревням, или отправляясь в джунгли к каннибалам или попросту говоря, делаем то, что воспринимается «белыми людьми» как глупость! Мой ответ этим трусам, что куда хуже, чем неустроенная жизнь, страх никогда не ощутить суть нашего бытия, нашей движущей силы. Чтобы жить осмысленной жизнью и испытывать сложности, человечеству нужно выйти из зоны комфорта и разрушить табу. Я признаюсь, что героический и романтический ответ выше скрывает реальную попытку влиять на поведение окружающих, и это я считаю благородной тайной целью. Нет никаких сомнений, на мой взгляд, путешествия — это жизнь и опыт, ключ к ломке ленивого и эгоистичного образа мышления, и уход от нездоровой отупляющей рутины. В экономике, как науке, отсутствие связи с человеческим опытом создает нечувствительность, что превратило экономистов в ядовитую кучку. Не удивительно, что 1-й барон Кейнс, утверждал, что постулаты классической теории применимы к частному случаю. Затем он сформулировал и обобщил теорию, применимую к частному случаю. Если бы он и другие ведущие экономисты прошли через темноту человечества, как и мы, встречаясь и беседуя с «дикарями», а не изолированными хозяевами дикарей, возможно, он бы увидел узость своей теории. Они бы сдержали рвение уничтожить наследие Давида Рикардо[35] и занялись одной из самых насущных проблем человечества: распределением богатства и подрыванием социальной, коммерческой, торговой и политической несправедливости. Кейнс и его волна последователей экономистов унаследовали косность и немоту от таких людей, как Д. С. Милль[36], которые аплодировали самым отвратительным созданиям Европы, взяв на себя задачу воспитания диких племен, оправдывая рабство, как обязательный этап для стимулирования труда и утверждая, что рабство делает их полезными для цивилизации и прогресса. Предшествующие поколения политэкономистов-прощелыг, использовали свои аристократические связи и размусоливали свои идеалистические теории, чтобы отменять законы и атаковать класс, который им не

[35] Английский экономист, классик политической экономии, последователь и одновременно оппонент Адама Смита, выявил закономерную в условиях свободной конкуренции тенденцию нормы прибыли к понижению, разработал законченную теорию о формах земельной ренты.
[36] Британский философ, социолог, экономист и политический деятель. Внес значительный вклад в обществознание, политологию и политическую экономию. Внес основополагающий вклад в философию либерализма

нравится. Когда власть коррумпирована, мозг делает людей продажными!

«Мудрому человеку следует знать, что здоровье величайшее из человеческих благ и научиться мыслить так, чтобы извлечь выгоду из болезни».
— Гиппократ

Я привык к цианистому запаху борьбы, которая идет в развивающихся странах. Я изящно танцую задорное танго, лавируя между агрессивными лимузинами с жалкой элитой внутри и массой неотесанных ходячих мертвецов, которая отражает масштаб социально-экономической бойни народа. Контраст между уставшими глазами госслужащих, которые я видел в международном аэропорту Джомо Кеньятта в Найроби, в Кении, и пугающую высокомерную манеру иммиграционных работников в Майя-Майя, в ярком, но пустом аэропорту в столице Республики Конго, Браззавиле, убил мое ощущение легкости этих социальных, коммерческих, торговых и политических свалок. И там есть научные данные с задорными графиками, изображающими индекс коррупции такого уровня, что не нужно расшифровывать загадочные стихи о коррупции. Эти два таких разных аэропорта оставляют четкое ощущение, что в одном, мы покидаем пространство развитых стран и заставляют нас чувствовать неловкость, которая нас сковывает в большом белом доме, дворце Конгресса и в присутствии президентов. Просьба «немного сахара» у не того человека, может отправить вас в тюрьму.

Тут все достаточно виноваты. Даже международные эксперты, Всемирный банк и МВФ мародеры, приказывали наивным и слабым странам выставить все на продажу, приватизировать государственные компании, отлично зная, какое темное и густое облако охватывает государство, разжигая социальные, коммерческие, торговые и политические геноциды для темных наций. Тем не менее, крайне важно различать двух живущих вместе паразитов, и в случае стран третьего мира, один убивает, а другой необходим. Существует элита, продажные воры, чья паранойя потери привилегий, чье увлечение западными удобствами и уходом за телом, это образ жизни, который, несомненно, инфицировал и меня, парализует их народы. Есть схемы, где крошечные суммы незаконных денежных средств и услуг, которыми обмениваются с бешеной скоростью, дают ноль в конце дня. Там вы всегда найдете человека, ангела со сломанными крыльями, который стал продажным, чтобы выжить. Я участвовал в конференции, где на Питера Эйгена молились, даже если он просто вертел пальцем. Он человек, у которого одно хобби, работая региональным директором Всемирного банка, показушно высвечивать коррупцию и смущать правительства, которых он обманул или поимел. Это безобразие делать вид, что карликовое развитие стран третьего мира обусловлено государственными служащими, оправдывая лицемерные правительства, ради принятия краткосрочных экономических реформ и неформальных коммерческих выгод. Для защиты развитых стран, это, бесспорно, умный способ очистки поля и организации дикой финансовой мастурбации и оргий для иностранных транснациональных корпораций. Я не удивлен, что западные мои коллеги и друзья, как и Питер Эйген согласны, что они не имеют отношения к реалиям стран третьего мира, растущей, как снежный ком клептократии[37] и бедности в целом. После неоднократных угроз моей жизни, я обнаружил, что самый простой способ объяснить как я вижу разницу между коррупцией и продажностью, оторвать публику от так любимого ими «белого кита», и заставить их обратить внимание на наше тело. С одной стороны, коррупция, как нематоды[38], которые нападают на стенку тонкой кишки и влияют на рост жертвы и умственное развитие. С другой стороны, когда людям платят мизерные зарплаты, когда они живут в нечеловеческих условиях, коррумпированность становится способом

---

[37] Правительство, контролируемое мошенниками, использующими преимущества власти для увеличения личного богатства и политического влияния, с помощью расхищения государственных средств, иногда даже без попыток имитации собственно честной службы народу. Для клептократии характерна вертикально интегрированная коррупция.

[38] Вид червей-паразитов

существования. Это сравнимо с бифидобактериями, которые содержатся в кишечнике и оказывают целый ряд полезных эффектов на здоровье, в том числе на регуляцию кишечного микробного гомеостаза, модулируя локальные и системные иммунные реакции, вырабатывая витамины. Каково же лекарство от коррупции и продажности в современной садистской социальной, коммерческой, торговой и политической обстановке? Капитализм? Я всегда утверждал, что не нужно заново изобретать. Учитывая опыт работы в штате Флорида в Соединенных Штатах Америки, я могу подтвердить, что на Западе уже есть эффективный механизм гипноза. Когда общество запугано, чтобы сделать даже шаг от капитализма, справедливое и равноправное правосудие — это кнопка, которая уменьшит коррупцию. Единственный способ исцеления коррумпированности — это инвестировать в государственных служащих и повысить минимальную заработную плату до нормального прожиточного уровня, дать им морковку. Только тогда, правительство может взывать к ответственности и требовать честности со стороны своих граждан. Но это не подходит для стран, где правят деспоты, политические группировки и финансовые ублюдки.

«Для сильных мира сего, преступления — это то, что делают другие».
— Ноам Хомский

В детстве я был заядлым читателем Жен Африк Журнал. Больше всего мое внимание захватила статья, опубликованная сразу же после филиппинского восстания 1986 года, она описывала, как Фердинанд Маркос грабил Филиппины. Фотографии коллекции тысяч пар обуви Имелды Маркос и стойки дизайнерских костюмов, инкрустированные жемчугом, стали для меня символом зла и жадности. Французский журнал никогда не колебался в принятии решений по спорным вопросам, предлагая безответственным лидерам и их семьям пристанища и сомнительные сделки. В ответ на постоянные претензии бедного класса, эти могущественные группы категорически отрицают создание личного богатства через растрату, но их активы всегда стоят в несколько раз больше, чем то, что эти тираны официально заработали. Смехотворное зрелище стало еще красочнее в двадцать первом веке. Дело не только в картинках, постоянно выкладываемых в *Instagram*, голод заставляет хакеров теперь изводить богатых и разоблачать влиятельных лиц и организации. Подумайте об этом. Без сомнения, эти профессиональные клептократы, как экс-президент Заира президент Мобуту Сесе Секо и его окружение интеллектуальных карликов, не смогли бы выяснить сами, как сохранять и продавать государственные запасы золота и алмазов, продавать нефть и лесоматериалы или отклонять кредиты, предоставленные иностранными правительствами и международными финансовыми организациями. Было бы неосторожно верить, что параноик Саддам Хусейн, занятый, тем, что душил инакомыслящих и следил за курдами, имел мозги и время, чтобы понять, что вместо приобретения высококлассной недвижимости в Венеции и Италии, на свое имя, он должен был спрятаться за португальской управляемой багамской корпорацией, компанией, зарегистрированной в Лихтенштейне! За фасадом свободного рынка среди тяжеловесов— ханжей, есть команды дорогих юристов, бухгалтеров, банкиров и финансовых консультантов, работающих под завесой секретности, предусмотренной правовым законодательством. Грабеж угнетенных народов никогда бы так не процветал без этих мастеров обмана. Мировые финансовые центры утверждают, что эти правовые лазейки лишь один из многих признаков того, что эти миграции капитала спонсируются правительством. В качестве иллюстрации, чтобы поддерживать глупую догму «франкафриканизма», французские государственные обвинители блокировали все правовые процедуры в отношении своих «бывших» живых тиранов колоний. Хорошо, теперь спросите себя, почему эти священные западные страны так быстро обрекают на голод любые непослушные государства, как Судан и Иран, но не делают ничего, позволяя диктаторам и их семьям хранить награбленное в своих банках? К тому же, это обеспечивает массовый приток капитала в их экономику и социально-политическую стабильность. И главное, этим кровавым деньгам выстилают красную дорожку, пока эти головотяпые дебилы не потеряют свою твердую хватку, и не перестанут выжимать своих голодающих граждан, тогда они становятся объектами на более желательную замену. Решения западной страны заморозить активы, принадлежащие Зин эль-Абидин Бен Али и Мухаммеда Хосни Эль Сайед Мубарака после арабской весны[39] попахивает лицемерием, потому что они сознательно и охотно помогали этим тиранам копить золотые слитки и приобрести огромное количество «диверсифицированных» активов.

Просто назову нескольких, чьи богатства неизвестно, где: Хайле Селассие, Саддам Хусейн, Сомоса Никарагуа, и братья Салинас из Мексики. Можно ли извлечь урок из случая Сани Абача, маленького яркого нигерийского военного диктатора, генерала, который умер от сердечного приступа, находясь под индийской проституткой? Эта история не имеет счастливого конца. Нигерия годы судилась, чтобы вернуть себе хотя бы часть похищенных миллиардов долларов, которые Абача и его семья накопили, расхищая государственные средства во время своего шестилетнего правления, пользуясь, по иронии судьбы, командами дорогих юристов,

---

[39] Волна протестов и восстаний, проходившая в арабском мире в начале 2011 года против авторитарных режимов.

бухгалтеров, банкиров и финансовых консультантов, работающих под завесой секретности, предусмотренной правовыми лазейками в законах. Иногда, оплатив судебные издержки, чтобы найти след денег диктатора, страны, с удивлением понимают, что остались с пустыми карманами и красивыми объяснениями.

Участие в судьбе деспотов — прибыльное дело для западных стран, и в настоящее время Дубай в условиях жесткой конкуренции. Я не в восторге от обобщенных обвинений в мародерстве казны народа, за что судят только умственно-отсталых лидеров и их близких друзей, в то время как настоящие вдохновители и заговорщики, эти Гудини, наслаждаются свободой и живут припеваючи, на эти щедрые, но неэтичные доходы. Западные махинаторы должны внимательно посмотреть на себя, взять личную ответственность и предстать перед судом за эти преступления против человечества. Жесткие санкции должны быть наложены на страны, поддерживающие этих финансовых браконьеров. *Только тогда, логично будет богатым странам требовать ответственности и целостности от проблемных стран.*

ГЛАВА СЕДЬМАЯ

# Мохаммед Буазизи

«Бедность – это родитель преступлений и революций».
— Аристотель

Паранойя считается показательным симптомом шизофрении, но колыбельная бывшего аналитика агентства нацбезопасности США (Эдвард Сноуден) реабилитировала людей, как я, и оправдала мое «я соответствую критериям и квалификации мистера Такого-то». На данный момент книги, пройдя через цунами моих разглагольствований, я думаю, что я заслуживаю, по крайней мере, двух специальных шпионов, которые не сводят с меня глаз круглосуточно. И в случае, если вы один из аналитиков, и перед вами задача тщательно декодировать одиссею густого черного тумана моих эмоций, я попытаюсь облегчить ваше задание.

Я состою из забавных противоречий. Я отвратительный интроверт. Иногда я организую банкет и приглашаю друзей и неприятелей. После еды я не могу дождаться, когда все уйдут, потому что я испытываю раздражение от длительных вторжений в мое спокойное жилище, если только встреча не превращается в чемпионат по интеллектуальной борьбе. Я могу бесстыдно заявить, что я усовершенствовал искусство определять тему красной кнопки, которая вызывает эмоциональную бурю у моих гостей. Чем больше разогревается дискуссия, тем больше у меня аппетит к победе. Ничто не будоражит мое внимание и не заостряет мои взгляды сильнее, чем интеллектуальные драки. Действительно, ряд этих кровавых битв и оскорблений был перенесен в эту книгу.

Существует еще один важный аспект моей жизни. Один из лучших советов, который я когда-либо получал, исходил от очень уважаемого нигерийского человека, которого я повел в стриптиз-клуб в «злачном» месте в Соединенных Штатах, и его заловили в его лучшем костюме в приват-комнате, я поклялся ему, что никто не узнает об этом инциденте, он ответил: «Всегда проветривайте грязное белье прежде, чем это сделают ваши враги».

Чем старше я становлюсь, празднуя день приближения к смерти, тем ее неизбежное приближение воспринимается все более обыденно. Я уже давно отказался от безумных выходок и бессмысленных связей. Давно ушли в прошлое те дни, когда я пользовался телом, как полигоном для испытаний, пробуя психоделические наркотики, чтобы успокоить призраков моего детства. Давно утрачен мой энтузиазм на предмет пьяного мочеиспускания на заднем дворе крестиком и ожидания рассвета. Семья и друзья теперь только хвалят меня за мою принятую здоровую и скучную жизнь. И тем не менее, у меня есть секрет, который может разбить не одно сердце. Чувственное освещение СМИ банальностей и неустанная атака истерически преподнесенных фактов, основанных на личных мнениях обывателей, усилили мою склонность к разжиганию горячих дебатов. Я признаю это, я нашел новый порок. Да, я стал новостным наркоманом. И у меня никогда не было лучших приходов.

Недавнее резкое увеличение доступности невероятных технологических разработок, включая «умные» телевизоры, TiVo[40], смартфоны и быстрый интернет сократили барьеры времени и расстояния, чтобы позволить наркоманам, как я, заниматься нашей ненасытной тягой к информации и развлечениям, не вылезая из уютной кровати. Вместо этого, я мог бы ходить в ресторан Макдоналдс в Соединенных Штатах,

---

[40] Это цифровой видеорегистратор, разработанный и продаваемый компанией TiVo Corporation и представленный в 1999 году.

смотреть в прямом эфире обезглавливание члена группы зета[41] конкурирующим наркокартелем в Хуаресе в Мексике и записывать веселую наркогангста песню, вдохновленный этим трагическим событием, прямо на своем ноутбуке, купить пистолет в ломбарде, сделать музыкальное видео в спальне, позируя голым с питбулем моего соседа из Бангладеш, продать миллионы копий на iTunes, получить деньги за просмотр видео на YouTube и погасить свои огромные студенческие кредиты. Пока я представляю, как опозориться и легко разбогатеть, метаморфозирующие арабские хроники утоляют мою жажду экстремальных драм.

Если бы телевизионная станция смогла провести церемонию награждения за лучшее фиаско арабской весны, я более чем уверен, что самый мелодраматический крах всех арабских халифов не сравнится с тем, что бывший президент Йемена Али Абдулла Салех вручил награду бывшему ливийскому лидеру Муаммару аль-Каддафи.

Неконтролируемая ярость полковника на ливийском государственном телевидении ошеломила людей от Токио до Вичита в Канзасе. Для большинства из нас, кто испытал кислый вкус тирании и воспитывался под культом личности параноидального шизофреника-лидера, выходки Каддафи справедливо оправдали наши ожидания. Я никогда не предполагал,

---

[41] Мексиканский бандитский синдикат

что такой клоун, который справился с западным удушающим захватом и так долго играл с огнем, в конечном итоге, закончит, как истекающая кровью тряпичная кукла, записывая на видео свое убожество. Теперь мне ясно, что африканский царь царей совершил два смертных греха: ретиво убивал ливийских диссидентов, как тараканов, и рассказывал про щедрые взносы французских и английских лидеров, чьи армии мешали его бойне. Все усугублялось тем, что капиталистические акулы пытались поймать колониального выскочку на приманку, чтобы запустить свои грязные руки в нефтяные месторождения Ливии. Увлечение Каддафи смс—ками и проверками «лайков» на Facebook помогло Большому брату найти его нору. Нелепое позерство Николя Саркози и Тони Блэра заставило этого большого брата не жалеть времени на то, чтобы выкурить Каддафи и бросить его на раздраженных граждан Ливии. Больше чем унизительной смертью африканского царя царей, я был разочарован позицией Саифа, сына Каддафи. Название его докторской в Лондонской школе экономики было: «Роль гражданского общества в демократизации институтов глобального управления: от «мягкой силы» до коллективного принятия решений», но он утверждал, что жажда власти перевешивает здравый смысл. Ребенок был со свихнутым мозгом и бессердечным, как и его отец. Какой отец, такой и сын! Во время бурной активности арабской весны, я смотрел в недоумении, как молодые разочарованные арабы, сталкивающиеся с жестокими полицейскими и нанятыми правительством бандитами, стекались в стратегические центры своих городов. На бумаге, арабские страны сделали большой скачок, искоренили полиомиелит, повысили валовый внутренний продукт. Это привлекательная непоследовательная сказка. В действительности, приманка оказалась пустой и шитой белыми нитками. Тем не менее, спонсируемые богатыми и развращенными американскими хозяевами, такими как маньяк в боевой готовности в России и протеже Ирана, Башар Асад, который был потрясен, как никогда раньше, все еще на тронах. Все остальные арабские автократические марионетки, поставленные ранее, пали, как карточный домик.

Развитие событий арабской весны привело меня к предположению, что неграмотная, но пламенная молодежь во всем мире в 1950-х, кто принимал героические меры, требующие независимости и достоинства, должно быть, зеркальное отражение волнующего и глупого оптимизма сегодняшних технически подкованных наивных арабских детей, которые устраивают восстания. Та же ошибка, сделанная во время призыва к независимости стран фуриями гражданских прав в прошлом столетии, повторилась арабской весной в этом столетии. Кровопролитие за свободу в 1960-х годах остановило общественное унижение. К сожалению, доверчивость их молодых лидеров дала время колонизаторам возможность измениться. Как идиоты испортили независимость народов, бывшие колониальные державы организовали свою версию «Ночи длинных ножей[42]», начавшуюся в Африке с переворота в Того в 1963 году и произвели эффект домино. Успешный сюжет, созданный Францией, неустанно ведет социальную, коммерческую, торговую и политическую атаку на свои «бывшие» колонии в Африке и Карибском бассейне без всякого стыда.

Патологического обидчика нельзя оставлять в той же комнате, контролируемого или нет, с любой юной страной. По своей сути, если молодому народу не дать времени и изоляцию от внешнего вмешательства, его способность формулировать коллективное и прагматическое видение экономического развития ограничивается и приводит к экономическим потрясениям. Действительно, страсть не является заменой видению!

По мере того как социально-политический взрыв затянулся, разделенные группы вышли на улицы с разными и неясными претензиями, которые заслонили главную цель борьбы с социально-экономическим неравенством. Нарастающий хаос стал

---

42 Также известна как Путч Рёма (нем. Röhm-Putsch) — расправа Гитлера над некоторыми руководителями штурмовых отрядов СА, произошедшая 30 июня 1934 года. Кодовое название — операция «Колибри» (нем. Unternehmen Kolibri). Поводом для расправы послужила нелояльность штурмовиков во главе с Эрнстом Рёмом и подозрения в подготовке путча.

идеальной питательной средой для групп экстремистов, новой породы негодяев. Транслируемая Ливийская гражданская бойня не превратилась в ожидаемую красивую картинку, задуманную в Бенгази, когда город был под осадой эскадронов смерти Каддафи. В средствах массовой информации, сложные вопросы достоинства и справедливого распределения национального богатства всегда ассоциируются и сводятся к контексту, который западные телезрители могут уложить в одно слово-клише: «демократия». Бешеное количество потерянных жизней и пропавших людей, с начала всплеска арабской ярости сломали интеллектуальный флер умникам, спорящих на телевидении. Я должен радоваться, что почти справился со своим пристрастием к новостям. Увы, умственная ясность искалечила мою душу тяжестью невыносимого сознания. Болезненное понимание причин, при воспоминании молодого араба, чье отчаяние и унижение заставили его принять огонь на себя, вызвало чувство негодования: «Мохаммед Буазизи».

«Маленький бунт — хорошая вещь».
— Томас Джефферсон

Несмотря на то, что изменения, несомненно, неизбежны, простые смертные не имеют смелости взять судьбу в свои руки и опрокинуть весы в свою пользу. Леность гомо сапиенс объясняет существование рабства, тирании, а также овации за всякие мерзости. На самом деле, я аплодирую новым «крысиным стаям» из непокорных народов, которые создают новый миф. БРИК — аббревиатура, сляпанная Голдман Сакс в 2003 году, сшивая социальных, коммерческих, торговых и политических рычащих тяжеловесов — Бразилию, Россию, Индию и Китай. Южная Африка, мулатка в группе, была добавлена позже. Есть великолепные красочные графики и диаграммы, которые прикрывают эту имитацию бурной деятельности. Если углубиться и попытаться найти след подъема этих стран, станет неловко. Китай пережил непостижимо порочный круг проб и ошибок Мао Цзэдуна, снова ошибок и еще ошибок, и смертей, которые откинули народ назад. Если вы считаете, что он заслуживает уважения, тогда вы должны уважать человека его образа мысли и силы, приняв, что его эксперименты ввергли страну в голод и нищету. Россия пережила политический и экономический хаос, долгую дорожку позора, после того, как Михаил Горбачев облажался. Неудивительно, что с тех пор он считается самым ненавистным человеком в России, и ложные новости о его смерти вызвали волну ликования у мачо-нации. Как эти два голиафа с эндогенной[43] схемой роста вытащили себя из темных веков коммунизма и социализма, реанимировали свой престиж, и добавили гламура Владзи Валентино

---

[43] Эндогенный - возникающий, развивающийся вследствие внутренних причин.

Либераче? Легко, они стали сторожами своему брату. Они не уклоняются от грязного словечка — протекционизм. Что касается Бразилии и Индии, это просто сказка. Эти две страны, у которых не хватило сил и упрямства, чтобы противостоять своим благодетелям, и это истинная причина, почему они освоили экзогенный[44] метод роста. В Бразилии величественная серенада отца Лулы да Силвы, которая оживила стервятников и загипнотизировала добычу, сыграла важную роль в некой, так называемой Белиндии, а-ля инфраструктурных проектах Франклина Д. Рузвельта. То же самое касается Индии, прагматизм Памулапарти Венката Нарасимха Рао был полезен в проведении этой самой крупной злосчастной демократии. История не была доброй к «отцу» индийских экономических реформ. В то время как Лула был посвящен в святые и гордо шагал по всему миру, Рао в конце своей жизни был унижен и забыт. Следует отметить, что рост Бразилии и Индии обычно связывают с их романтическими рассказами о том, как воспользоваться шансом. Как они достигли своего экономического статуса? Эти народы не стали изобретать велосипед. Они просто сделали то, что делали до них: добросовестная самоколонизация. Эти коммерческие и торговые идеалы влились в огромный потенциал процветающих и упорядоченных коррумпированных систем этих стран.

[44] Синоним для «эндогенный»

В рамках того, что я продолжаю оглашать мой список прегрешений, я когда-то горячо приветствовал возвращение Бразилии из удобного медового месяца с нацистами Второй мировой войны и долгой традиции диктатуры. Я был уверен, что в начале двадцать первого века, экспорт из Бразилии сои в Китай превысил миллиарды долларов. Увы, потребности мастодонтов соевых фермеров, таких как «Кархилль», многонациональная компания, которая контролирует большую часть торговли соевыми бобами в Бразилии, уничтожали леса Амазонки и жестоко выселяли коренное население. Бразилия сейчас является одним из крупнейших в мире покупателей питательных веществ, используемых в производстве удобрений и гербицидов. Несмотря на это, посевы по—прежнему остаются низкими по сравнению со странами с более развитым сельским хозяйством. В последние годы наблюдается заметное увеличение числа детей с раком и врожденными нарушениями, там где живут мелкие фермеры, в этих крупных фармацевтических областях, где различные яды Монсанто[45] постоянно распыляются на землю. Не надо быть гением, чтобы понять, почему

[45] Monsanto Company — многоотраслевая транснациональная компания, мировой лидер биотехнологии растений. Основная продукция сельскохозяйственного назначения — генетически модифицированные семена кукурузы, сои, хлопка, инсектициды типа ДДТ а также самый распространённый в мире гербицид «Раундáп»

бразильское правительство не потрудилось предпринять какие-либо действия.

Можно было бы предположить, что глобальная эпидемия непонятных врожденных заболеваний случилась из-за закона: чем-то нужно пожертвовать, чтобы что-то получить. С другой стороны, в случае Бразилии, нужно взять силой что-то, чтобы процветать. Несколько лет назад, Бразилию воспринимали, как самую больную нацию в мире, но сколько это длилось? Я наблюдал конкретный неконтролируемый аппетит Бразилии к китайскому Ренминби[46], это было как кокаин для наркомана. Как старые наркоманы, в какой-то момент, с одержимостью, следуя за драконом крайней эйфории, они будут заниматься незаконной деятельностью, даже продавать своих детей, чтобы не отказываться от своей привычки. Вот что Бразилия, в основном делает, чтобы продолжать свой экономический рост.

БРИКС показал симптомы, сигнализирующие о следующей стадии коммерческого и торгового созревания, и типичный прогрессивный цикл – это мировое господство. Китайский Lenovo переварил IBM, и дешевые китайские копии роскошных товаров,

---

[46] Rénmínbì, буквально «народные деньги», сокращённо RMB, это новая резервная валюта – китайский юань. Ровно год назад, 30 ноября 2015 года, совет директоров Международного валютного фонда (МВФ) принял решение включить китайский юань в расчет корзины специальных прав заимствования (Special Drawing Rights – СПЗ). А 1 октября 2016 года это решение реализовано. Доля юаня в корзине около 11%. При этом доля доллара не изменилась.

которые в настоящее время распространяются и на автомобили, заставляют традиционных игроков побегать за свои деньги. Индийские производители таблеток на полностью законном основании копируют фирменные препараты, чьи патенты истекли, затопив фармацевтический мировой рынок. Быстрый процесс интернационализации Бразилии катапультой швырнул производителей сои (Мату-Гросу) на вершину. А российские олигархи, послушные Кремлю, собирали профессиональные спортивные команды и игроков по всему миру.

Для любой нации, стремящейся выйти во второй мировой экономический сектор, невозможно повторить шахматные ходы БРИКС из-за сложных взаимодействий и преимуществ отдельных стран в котле. В отличие от проповедуемой фантазии, нации БРИКС не видят дальше своего носа, они устраивают маленькие бунты и осмеливаются заглянуть внутрь коробки. Но появление чудесного спасения столь же реально, как Санта—Клаус или канонизация Папы Иоанна Павла II. Очевидно, что эти страны завели двигатели и мчатся навстречу судьбе. Когда меня попросили объяснить появление БРИКС, я ответил: «Бразилия вернулась в седло, Россия творит бесстыжую клоунаду, Индия вышла на трассу, а Китай научил дракона считать!» А Южная Африка? «Ну, она заключила сделку с Люцифером и летит на смертельных волнах». Аминь!

«Волк всегда загоняет ягненка в мутном ручье».
— Элиу Рут

Ужасный развод наших родителей в сочетании с нашей старой, но вновь обретенной политической звездностью, бросил социальный контракт нашей семьи в хаос и швырнул мою сестру Бетти в царство террора. Как священное государство Израиль и канонизированная Руанда, моя сестра Бетти поняла, что она могла бы использовать миниатюрный рост и чувство вины людей, чтобы творить безнаказанно любые злодеяния. После того, как она освоила эту вредоносную схему и может загипнотизировать любого человека, никто не избежал ее приспособляемости. Я и сейчас содрогаюсь, когда это вспоминаю. Мои детские страхи ничто по сравнению со страхом детей в Руанде, которых насильно завербовали и отправили на фронт в «демократической» Республике Конго или злостью детей в Палестине перед вооруженными до зубов израильскими солдатами. Крик Бетти брал сверхзвуковые высокие ноты, которые проникали в уши нашего отца за сотни миль и пускали под откос все, что он делал. Как будто одержимый Люцифером или Лилит, человек ездит по забитым улицам Киншасы, так же, как Соединенные Штаты в срочном порядке направляют свои могучие силы на Ближний Восток для защиты своих интересов. Человек снесет голову любому, на кого Бетти укажет. Как избалованный ребенок, государство Израиль, не собиралось ничем делиться, эта Бетти хотела все сразу и получала все. Любой, кто осмеливался оспаривать законность ее превосходства в доме, лживо обвинялся в том, что угрожает ее жизни, свободе и счастью. На ничтожных основаниях, или вовсе без них, подозрений, что ей угрожают, было достаточно, чтобы получить черную метку воздаяния. Бетти получит право на удар и пинок осужденного лица и любого, кто вынужден стоять на месте, пока она не утолит свою жажду крови. В конце концов, наш папа устал от террора и положил конец ее капризам, частично опасаясь за свою жизнь. Дурак, пьяная сила обернулась против Максимилиана Робеспьера!

Неустойчивость, устроенная по всему миру, недавно получила негативную реакцию западной общественности. Люди, живущие там, могут частично поблагодарить СМИ за потоковые травмирующие психологические фотографии невинных выпотрошенных детей. В Южной части Африки должен быть установлен мир. Одновременно с этим, мировое сообщество сейчас учится отличать осуждение избиения Израилем палестинцев в секторе Газа от антисемитизма и резонно критикует политику Израиля, осуждая бесчеловечную блокаду Газы. Кроме того, ХАМАС[47] и Организация освобождения

---

[47] «Исламское движение сопротивления») — палестинское исламистское движение, правящее в секторе Газа (с июля

Палестины[48] уже давно стали крупным бизнесом, ужасно прибыльным, работая на отчаянии палестинцев, а не сердитыми экстремистскими группами, призывающими к уничтожению Израиля. Можно было бы наивно полагать, что эти две организации поступят мудро (ведь око за око только плодит слепцов) или послушаются хозяина, когда им прикажут отступить. Вместо этого, в духе капитализма они переусердствовали, запугивая, и сферы социальности, коммерции, торговли и политики стали сотрясаться по всему миру.

«Конец может оправдывать средства, пока есть что-то, что оправдывает конец».
— Лев Троцкий

Задолго до того, как я был пленен полу-гаитянкой, на которой впоследствии женился, Гаити был выгравирован в моем списке. Я был в восторге, что сделала половинка этого карибского острова. Это экстатическая эмоциональная мешанина романтической песни «Haití Cherie» (радуйся, Гаити) с героическими историями про голых черных дикарей с

---

2007 года). Ассоциированное военное крыло — бригады «Изз ад-Дин аль-Кассам».

[48] политическая организация, претендующая на представление интересов арабов, живших на территории подмандатной Палестины до Арабо-израильской войны 1948 года, и их потомков.

костями в носу, которые победили могучую армию Наполеона и националистическим гимном Гаити «Объединение это сила». Я признаюсь, что знание, что Международный аэропорт Туссен Лувертюра не был оборудован системой управления, немного помяло мой энтузиазм. После землетрясения, которое перевернуло Порт-о-Пренс с ног на голову, миллиарды долларов, как сообщалось, доноры влили в страну. Я не мог дождаться, когда же увижу всю эту инфраструктуру, построенную в результате, и это ожидание взяло верх над страхом самолетов, сталкивающихся в воздухе. Я обнаружил, что гаитянские туризм и бизнес уже давно умерли, и ежедневно в аэропорту приземляется лишь несколько самолетов. В духе истинных конкистадоров, моя жена и я взяли на себя задачу пересечения этого потерянного рая с юга на север, на арендованном автомобиле. Поездка была далека от того, что я предполагал увидеть, причем, с двух сторон – и надежды, и сожаления. Те, кто отваживался выехать за демаркационную линию[49], проведенную вокруг Порт-о-Пренс и дальше обезьяньей клетки Лабади, они согласятся со мной, что остальная часть Гаити полна великолепных пейзажей. Вид с Цитадели Лафариер, созданной Генри Кристофом, погружение в голубую воду Басин Зим около Энши и паломничество в эпицентр гаитянского вуду, Со-д'О, взорвали мой мозг,

---

[49] Линия (полоса), разделяющая воюющие стороны на время перемирия (линия прекращения огня).

но и успокоили. Люди, которых мы встретили, пока ехали через Рут Насьональ 3 и прибрежную магистраль по маршруту Насльональ 1, уникальны. Кроме того, тут есть что попробовать, кроме прекрасных морепродуктов и кухни. Гаитяне постоянно рассказывают истории о каких-то невероятных событиях. Чаще всего, люди рассказывали нам мрачные бахвальства из прошлого. Типа того, что среди тех, кто погиб на Титанике, был гаитянский пассажир.

Я, например, не могу понять, почему церкви являются единственными доверенными банками, выпускающими казначейские векселя, погашаемые по полной стоимости в жизни после смерти[50], и как они могут использовать эту схему так долго. Внушительное присутствие церквей в центре каждого города и села является четким свидетельством широкого распространения нищеты. Не существует никаких сомнений в том, что длительная бедность и отчаяние калечит человека и заставляет надеяться на жизнь после смерти. Тем не менее, для Гаити, христианство не любимая религия. Невозможно отделить от истории Гаити вуду, помогающее бороться с Францией, и христианство от рабства и зверств, совершенных Францией в этой части острова. По-моему, попытка гаитян отрицать вуду божеств Лоа, Конго и Паррайн

Огу, и принятие христианства это злобный удар по их героическим предкам и наследию.

Прежде чем приступать к поездке, я остановился, чтобы подумать. Это половина крошечного острова с провинциями очень бедными и напитанными эгоистичной местечковой враждебностью, где нет здравого смысла и торопливости. Я сложил исторические слои гаитянской социальной, коммерческой, торговой и политической дезинтеграции, и нашел страну, где меньшинство, состоящее из внуков Петиона, мулатов, ливанцев и сирийских евреев-иммигрантов сформировало мафию и контролирует с презрительным высокомерием любую прибыльную отрасль в Гаити. К сожалению, отсутствие у гаитянских негров здравого смысла испортило нашу поездку и их диаспору: их отбеленная кожа и жалобы на жизнь были тошнотворны. Я пришел к такому же выводу, как один из моих гаитянских друзей. То, что произошло на Гаити, это была не революция. Это было успешное рабское восстание, устроенное мулатами, которые стремились извлечь выгоду из романтического гнева революции, чтобы захватить все места во власти.

В стране, где ямайский вуду-шаман, Датти Бокман, убеждал плохо подготовленных рабов в их непобедимости и бессмертии, эти рабы победили превосходящие силы садистской Наполеоновской армии. Два столетия спустя, столкнувшись с социальной, коммерческой, торговой и политической пандемией, у ямайцев не было и капли той жизненной силы, в небе заполненном тенями серафимов. На протяжении всей истории этого гордого народа, гаитянские герои были иностранцами. Можно сделать вывод, что спасение этой страны должен принести неместный. Увы, это был Билл Клинтон, потомок Томаса Джефферсона. Клинтон — не Боукман, а фактически финансовый Бугимен. Стыдно и мучительно, что деградации Гаити не видно конца. Луна вращается вокруг Земли, а Земля вращается вокруг Солнца. Арабская весна потерпела большое фиаско. Они успешно подняли сознание широких масс. Но арабская весна не смогла договориться о целях и политических позициях, и это зажало ее в рамках благовидности. Мохаммед Буазизи не потому себя поджег, что ему было отказано в праве голоса, он просил экономической свободы. На протяжении двадцатого века, шипы слепой ярости уже приносили подобные последствия. Лумумбе надоело, он восстал и был замучен до смерти. Эрнесто Че Геваре надоело, он восстал и был разорван на мелкие кусочки. Стив Бико разозлился, восстал и был расстрелян. Сальвадор Альенде не мог больше терпеть, восстал и был взорван в президентском дворце. Никто из упомянутых героических фигур не закончил хорошо. *В отличие от Гаспара Янги*[51]*, они проигнорировали, что восстание сияет,*

[51] Предводитель восстания беглых чёрных мексиканцев (маронов), произошедшего в 1570 в районе Кордовы и

*как солнце, но не бывает революции без высадки на Луну, место куда более холодное, чем солнце!*

Орисаба (ныне центр города Веракрус) в Мексике.
Считался потомком королевского рода из Габона.

# Экономика

## Интерлюдия 3

Люди хотят знать тайну нашего создания
Мои эмоции привели к сложностям
Мои слезы еще не изменили ситуацию
Мой характер не решил уравнение
Каждый поцелуй — это крем моей преданности
Человечество разрушило фундамент уникального вдохновения
Это безумие, что все, что мы делаем, уже было сделано
Вчерашняя смелая мечта просто ушла
Наш мир покоится на костях
Миллионы душ воюют за трон
Даже наше общее желание выражено в разных тональностях!
Разум ныряет в прошлое, чтобы почувствовать себя новорожденным
Великолепные ангелы чувствуют себя свободными
Но они должны сломать крылья и покаяться
Слезы текут по моему сухому лицу, как змеи
Гнев должен быть полностью изгнан
Грустно, насколько неважно, то, что жизнь думает, сколько любовь будет цвести
Время всегда убеждает амура покинуть шоу
Истинная радость покрыта скепсисом
Когда чувствительный ум пытается заставить тело остаться
Спонтанная душа уходит
Страшно, как жесток будет Судный день

Невиновное мнение будет жизненно важным
Взгляд на красивое небо будет смертельным
Как прыжок в книгу великого огня
Ожидания сдулись как проколотая шина
Зачем брать на работу Люцифера?
Пытаясь поколебать сердце, такое жирное
Избегайте зла, чтобы заткнуть крыс
Удача может заставить вас плакать
Прекрасная любовь может пройти мимо
Но ничто не мешает вам попробовать
Разбейте цепи и летите
Зачем вам останавливаться?
Чтобы просто прошептать «Привет»
А потом, внезапно, попрощаться?

Это стихотворение посвящено всем «Мохаммедам Буазизи» и их восстаниям.

## ГЛАВА ВОСЬМАЯ

# Чегооо говоришь?!!

«Залезь на горы, чтобы увидеть низину».
– Китайская мудрость

Вы можете услышать голос ведущего, но не того, чьи слова он говорит, и в этом опасность. После очередного ужасающе долгого и бессмысленного урока по экономике, я пришел домой к другу, чтобы обновить душу и выпустить пар. Чтобы он меня не засудил, будем называть его «Джером». Он был в своем обычном режиме вне нашего мира, где-то в небесах, как воздушный змей. Отношения между нами возвращают меня в годы католического интерната. Для того, чтобы пропустить обязательную сиесту, я залезал в исповедальню, где полусонный священник симулировал внимание и тревогу, слушая про мои обманы и интриги. Бедный Джером, я, наверняка, сбил ему весь кайф, сетуя весь вечер о том, как ошибается шовинистический нигерийский лектор и как остальные основополагающие принципы закостенели, и в этом случае, как подло изгнанный Дан-Баптист Сэй[52] и повешенный Мальтус использовали озлобленность Джона Мейнарда Кейнса в их пути к славе. Тем не менее, всем троим случалось правильно описать симбиоз рынка в течение ими рассматриваемого периода. Нерационально ожидать того же вывода от людей, живущих на разных этапах переходного периода коммерческого и торгового созревания. Я даже использовал скорость обращения денег в разные эпохи в моем заключительном аргументе, чтобы унять свой гнев. Я считаю верным, кроме рабства и каннибализма, что истина существует в связи с историческим контекстом. Я не знаю, был ли Джером удивлен или шокирован, но все, что я услышал:

«Чегооо говоришь?»

Благодаря королевской битве между Тома Пикетти[53] и Финансовым Таймс (пожалуйста, спишите

---

52 Французский экономист, представитель классической школы политэкономии.

53 Французский экономист, ставший известным исследованием причин и последствия неравенства доходов. Профессор Высшей школы социальных наук и Парижской школы экономики.

детское решение Пикетти на главную беду нашего существования), к моему частичному удовольствию, социальную, коммерческую, торговую и политическую мировую несправедливость (затертую просто до экономического неравенства) вытащили из корзины для мусора и это стало эрогенной темой на данный момент. К сожалению, битва превратилась в элитарный петушиный бой. Для моего поколения звучит надуманно, что было время, когда животная жадность была постыдной, и очень мало кто верил, что признанные философы, как Платон, Аристотель, Катон и Цицерон, считали начисление процентов по кредиту преступлением. Позволяя это европейским монархиям, которые затем взяли под контроль и разграбили весь мир, во времена их расцвета католическая церковь постановила, что те, кто занимается ростовщичеством, не могут получить церковные таинства. Шагнув на десять шагов дальше, Эдуард I в Англии

гена злодея, который чрезмерно активен у титанов коммерции и серийных убийц, в то время как тот же самый ген находится в состоянии покоя у всех нас. Вы должны быть более, чем скромным придурком, чтобы отправить своих детей и вашу прекрасную жену одних в одну из самых смехотворно беднейших стран на земле, Бурунди, и проводить дни, глядя, как они пытаются выкроить себе на достойную жизнь. А когда ваша семья переживет эту бедность, заберите их оттуда обратно в богатейшую страну мира, где они будут жить в одном из самых роскошных и высокотехнологичных особняков, известных человечеству, оставив позади тоскливые будни в Бурунди. Когда ваш задний двор более увлекательный, чем юрский парк, я думаю, в Диснейленде уже скучно!

С другой стороны, бесчувственность Билла Гейтса не открыла врата ада. Есть много такого острого равнодушия по всему миру в наше время. Папу Франциска дразнят за известный аскетизм. Абсолютный Повелитель государства Ватикан приглашает бездомных, чтобы разделить трапезу в своем роскошном дворце и спокойно отправляет их обратно на улицы. Возвращаясь к Римской империи, в конце концов, богатые получали земли за долги крестьян, бравших кредиты, чтобы мочь платить налоги. Когда я путешествую за границей, я огорчаюсь какую скудную зарплату платят зажиточные члены моей семьи, друзья и знакомые, их самоотверженным и трудолюбивым служащим. Эти тонкие и не очень тонкие акты бесчеловечности только проецируют образ общей злобности, и я сам в этой главе, пытаюсь объяснить, как мы оказались по шею в бездне. Мы были не в состоянии вытащить всех из нее, и поэтому мы решили оставить большинство из нас врагу!

«Не смотрите, где вы упали, смотрите, где вы поскользнулись».

— Африканская мудрость

Экономика имела рыцарскую цель постигнуть человеческий денежный поток, а затем состряпать эликсир, чтобы улучшить его. Но ее ошибки довели до гангрены эту благородную цель. Темная сторона на своей чаше весов накопила больше мешков с песком, и это перевесило реализм и равенство. Дело в том, что многие отклоняются от выводов Давида Рикардо о прибыли, это делают и знаменитые учителя, которые предпочитают игнорировать контекст и принижать важность этого классического экономического описания прибыли по отношению к той эпохе. Они преступно умаляют этот момент, и аплодируют аберрациям Рикардо, когда это добавляет им загадочности. Яростный крестовый поход Рикардо против помещиков не был напрасным, его классификация прибыли подтверждена более поздними событиями.

О наполеоновских войнах, которые добавили топлива к огню закона о кукурузе, мало бы кто кричал, если бы хаос не исказил так сильно цену на зерно в Англии. В конце бесплодной войны Франции, которая сокрушила их сверхдержаву, цены на кукурузу упали в Англии, и в результате вся английская экономика залихорадила. Увы, основная тяжесть отразилась больше всего на рабочем классе. Этот исторический факт должен быть отмечен, поскольку в начале нового социального перехода 19-го века плата рабочим изменилась с оплаты наличными и иногда питанием со стола помещика до скудных социальных услуг, при принятии Английского закона о бедных. Жалкий урожай 1828–1829 годов вызвал бунты и саботаж рабочих, которые возмущались жадностью бездельников-землевладельцев. Конечно, такой плачевный хаос — это питательная среда для идеологических бойцов. Если сегодняшняя экономическая академия заполнена шутами, 19-й век, который стал решающим моментом для тех, кто придет к власти над коммерцией и торговлей, ничем не отличался. Кажется, что это просто произошло переселение душ. Попирая здравый смысл и научный оппортунизм, некоторые люди считали себя горячими поклонниками капитализма. В Англии, мекке экономистов, Нассау Сениор, был одним из самых искусных и хладнокровных их представителей.

Когда дерутся слоны, страдает трава. Как тот, кто пережил диктаторскую ортодоксальную школу и теперь отбивается от зомби в одной из немногих оставшихся неортодоксальных аспирантских программ в Соединенных Штатах, я должен подтвердить, что лай с обеих сторон практически убил мой мозг. Неожиданно, во время лекции по теории воздержания и месте человека в ней, один из последних марксистов, Фред Моусли, разбудил мою любознательность и начал дискутировать про Нассау Сениора. Я внезапно осознал, что важные исторические моменты и необычные персонажи, подкрепляющие ведущие торговые и отраслевые верования, затерялись в длинном фольклоре фиктивных споров между божественной экономической троицей Адама Смита, Давида Рикардо, нераскаявшихся учеников Карла Маркса и их антагонистов — неоклассических потомков гладиаторов.

Когда я начал в «безумии» знакомство с Нассау Сениором и его версией теории воздержания, отсутствие надлежащего подхода и разоблачение оценок и интриг почти убили мой энтузиазм. Мало того, существует ограниченное количество литературы по Сениору, но она вся акцентируют внимание в первую очередь на пресловутом боевом танго между Сениором и его современниками, которое я собираюсь игнорировать в этой главе, и на решающей роли, которую он играл в торжестве евангельской политической экономики во время внесении изменений в закон о бедных 1834-го года в Соединенном Королевстве. Чтобы понять идеологические наклонности Сениора, нужно разобраться в самом человеке. Очевидно, с ним нельзя встретиться лицом к лицу, так как Сениор умер немногим более двух веков назад, поэтому я погрузился в опубликованные работы и изучил его наставников, которые повлияли на него, с которыми он себя ассоциировал и с которыми поддерживал деловые отношения.

Выкладки, лежащие в основе теории воздержания Сениора, заставляют учитывать контекст экономического климата и интеллектуальной догмы Соединенного Королевства в эпоху, когда он жил. Расхождение действительной структуры распределения богатства было и остается, в основе социальных, коммерческих, торговых и политических столкновений. Тем не менее, это было смело, так, как Сениор описал консенсус по обоснованию создания богатства, чтобы склонить чашу весов в пользу капиталистов. Было бы подло не пролить свет на самого Сениора и людей, которые повлияли на его мнение. Вообще, основные утверждения теории воздержания Сениора — про происхождение капитала и о том, почему мы платим проценты. Кроме того, я надеюсь, что утверждения и размышления и критиков, и поклонников теории воздержания Сениора, выйдут за географические и культурные границы и сделают больше, чем просто разочаруют экономистов, которые интересуются этой дисциплиной.

«Люди живут в надежде стать памятью».

— Антонио Поркиа

В предыдущих главах я обрисовал критические события, которые захлестывают мое поколение и угрожают нашему будущему и которые привели к апогею заблуждения и создав немой социальный фонд нашего времени. С барабанной дробью настало время, встретить виновника концепции, которая мешает нам пристать к правильному берегу, теорию воздержания, которая говорит о важности согласиться с капиталом и процентами.

Нассау Сениор родился 26 сентября 1790 года, в Комптоне Беркшир, в Англии. Наглый анализ Сениора социального, коммерческого, торгового и политического неравенства можно списать на его привилегированное воспитание. Можно только представить себе жизнь старшего сына викария в городке Драмфорд в Уилтшире, преподобного Джона Рейвена старшего, и дочери генерального стряпчего Барбадоса, Мэри Дьюк. Сениор не был изолирован от разгула нищеты. Проведя свой ранний возраст в приходе отца, учитывая роль отца в общине, он, несомненно, наблюдал за медленной агонией рабочих и бесстыжих родовитых землевладельцев, его соседей, конечно. Хорошо описанные времена рабочих в Англии, во время когда Нассау было пять лет: рабочий получал три с половиной буханки хлеба в качестве средств к существованию. К тому времени, когда ему было около двадцати, скудная плата сократилась до двух буханок хлеба. Он может много не знать об инфляции, но он, конечно, знает, как выглядит голодный человек.

Было бы большой ошибкой заключить, что яркие атаки на бедных и защита богатых Сениора идут исключительно от его происхождения. Молодой Сениор учился в колледжах Итона и Магдалены в Оксфорде, где он завалил первый экзамен и попал под влияние яркой и неоднозначной личности — Ричарда Уотли[54], который ввел его в учение *Ориел Нотик*[55], смесь делирия (духовности) с политэкономикой. Уотли непреклонно верил в необходимость интеграции точки зрения христианской церкви в экономический анализ, чтобы создать «правильную» политику.

Сениор получил юридическую степень в 1815. Я подозреваю, что фундаментальная экономика, более захватывающая, чем закон, сделала его слишком ленивым, чтобы преодолеть «недостатки» в публичных выступлениях. Сениор отказался от своих устремлений и углубился в политическую экономику. Он стал первым профессором Драммонда[56] политической экономии в Оксфорде в 1825 году, а впоследствии возвращался к этой должности больше, чем на два срока. В течение первого пятилетнего срока Сениора в Драммонде, он написал анализ экономических определений, опубликованных в приложении к Элементам логики, которую написал его товарищ того

---

[54] Английский философ, теолог и экономист. Автор работ по широкому спектру вопросов.
[55] Учение о ноэтике.
[56] Шотландский клан, название которого происходит от географического названия Драймен

времени Уотли, в 1826. Позже он опубликовал ряд своих лекций, таких как *Методология экономического анализа* (1827), *Теория денег и международная торговля* (1830), а также *Население и заработная плата* (1829, 1830). После того, как он получил уважение и хорошие отзывы от современных политических экономистов, он никогда не оглядывался на свое унылое прошлое.

Когда его друзья из партии вигов пришли к власти в 1830 году, сфера влияния Сениора экспоненциально расширилась в стратегических районах Соединенного Королевства. К сожалению, Сениор был блудным адептом Ориела, а не философским радикалом, которым его изображали некоторые. Он и его коллеги из Ориел Нотик использовали каждую возможность, чтобы изменить английские социальные, коммерческие, торговые и политические сферы и распространить свои программы. Сениор стал ключевой фигурой нескольких комиссий: комиссия по изучению Закона о бедных в 1833 году, комиссия по заводским условиям в 1837 году и комиссия по несчастным случаям в ткацком производстве в 1841 году. Сениор предложил поправки к Закону о бедных, приведя его в соответствие с ноэтикой[57], что засвидетельствовало его непоколебимую верность своему наставнику Уотли. Акт нового закона о бедных был просто копией закона о бедных Джона Дэвисона (1817), в котором

---

[57] Учение, изучающее эволюцию человеческого сознания.

предлагалось упразднить помощь «трудоспособным». Они наивно решили, что уязвимое население, такие как больные, пожилые и дети, получат помощь из государственных средств, в таких местах, как благотворительные дома, детские дома и больницы.

Увы, манипуляции Сениора с английскими экономическими и политическими стратегиями выходили за рамки партии правления вигов. Он консультировал британское правительство по вопросам торговли и заработной платы, а также по вопросам образования. Он нападал на жуткую теорию Мальтуса о росте населения с вербальной словесной битой. К большому удовлетворению кукловода Уотли, Сениор разорвал слабую теорию Рикардо о ренте, потому что тот утверждал классовый конфликт между арендодателем и всеми остальными, отрицая гармоничное невмешательство утопии и существование божественной мудрости. В последние годы своей жизни он провел свое время, катаясь по всему миру и публикуясь в журналах. Сениор умер в Кенсингтоне, в Лондоне, 4 июня 1864 года, в возрасте 74 лет.

Примечательно отметить, что, по мере того, как законность накопления капитала и начисления процентов пытались пересмотреть и изучить, благочестивые понятия воздержания и другие теории в той же сфере от других экономических друидов звучали по всей Европе примерно в одно время. За пределами Англии, был немецкий Макс Вирт, который основал еженедельный журнал Работодатель, чтобы транслировать свои личные предвзятые взгляды, швейцарский экономист Антуан-Элизе Шербулье с его оптимистичным «Эссе о причинах бедности, как моральной, так и физической, и как исправить это» (1853), и этот список можно продолжать и дальше. Большего внимания заслуживает Жермен Гарнье, который дерзко выдал апологетическое обоснование накопления капитала и начисления процентов. Несмотря на то, что выводы большей части политических экономистов для богатых были жалкими, теория воздержания Нассау Сениора было коронована как оригинальная и, вопреки всякой логике, стала подсознательной неотъемлемой частью английской теории капитала и современных социально-классовых переговоров и уступок. В самом деле, это белый слон в каждых «переговорах» и дискуссионных столах.

«Каждый человек желает получить с наименьшими жертвами как можно больше богатств».

— Нассау Сениор

Самый естественный импульс, во-первых, это вникать в modus operandi[58] концепции Сениора,

---

58 Образ действия

который был предметом спора многих ученых. Сениор сам пытался скрыть причины, оправдывая свой гнев против «надменного трудящегося класса, прибегающего к забастовкам, насилию и манипуляциям» тем, что это «угроза к фундаменту не только богатства, но и самому существованию». Предполагается, что его основой была гневная импульсная реакция на жестокие нападки рабочих, против тех, кого он называл уязвимыми капиталистами и опекунами законного порядка человечества. Это может быть недостойным подозрением относительно защиты Сениора, но сначала он опубликовал теорию воздержания как основу политической экономии (1836) через несколько лет после пика забастовок и бунтов рабочих в 1830 году. Фактическое доказательство, чтобы поставить его искренность под сомнение. Во время своего первого срока в Оксфорде и за пару лет до свинговских бунтов, вторая лекция второго курса (1827–1828) была построена на его теории воздержания.

Чаще всего, термин воздержания определялся как «психологический механизм репрессий со ссылкой на секс, алкоголь и продукты питания».

Я даже наткнулся на сайт, который советовал родителям научить их толстых детей, что воздержание является способностью «человека откладывать удовлетворение и учиться распознавать плоды терпения и ожидания, в то же время практиковать контроль импульсов, самоконтроль, силу воли и саморегулирование».

Я уверен, что это не сработает. Это против коварной тактики вредной пищевой промышленности и соблазнительных кампаний маркетинговых команд, которые умело преследуют детей через торговые автоматы в школах и предлагают к каждой шоколадке супергероя.

Те же рассуждения подходят для взрослых: псевдо-человеческая неспособность укрощать желания подпитывает бум финансовой промышленности. Таким образом, это поддержка утверждения Нассау Сениора, что нужна определенная индивидуальная сила и чувство самопожертвования, для накопления богатства. Теория воздержания Нассау Сениора — это самое непристойное предательство политической экономии. Неудачно, этот лозунг был широко применен и проповедован демагогами и апостолами, которые приняли невмешательство в качестве божественного закона.

Отложив все более изысканные детали, суть теории воздержания и формирования капитала Сениора — это рассказ о героическом воздержании от потребления, что позволяет копить и создавать капитал. Существует драматическое описание жертвоприношений промышленных капиталистов, которые одалживают финансово безрассудным рабочим свои средства производства. Объяснение

Сениора громоздкой теории Смита том, что мотор роста — это накопление. Увы, Сениор сумел прийти к консенсусу между ноэтическими верованиями в круговорот богатства и мнением, что богачей, так называемых, промышленных капиталистов, нужно морально поддерживать и зорко сохранять благодетельный божественный порядок.

Альфред Маршалл привнес в экономическую философию увлечение барракудами, и теперь многие ищут способы, чтобы продемонстрировать свою математическую гениальность и умение решать головоломки, к сожалению, вместо реальных исследований. Ни одна другая концепция не отметила хрупкость теории Маршалла о том, как происходит накопления капитала. Мало что можно сказать о критике Маршалла или о вкладе в теорию воздержания Сениора. Он просто акробатически заменил термин «жертвовать» на «ждать». Тем не менее, Маршалл был важным шагом в процессе полировки тупой и неотесанной концепции Сениора. Если вклад Маршалла в вопрос накопления капитала зыбкий, то очевидно, что Бём-Баверк[59] бродил на цыпочках вокруг да около. В нашумевшем исследовании Бём-Баверка о начислении процентов, он взял теорию воздержания Сениора и предположил, что «учение Сениора осудили слишком строго». По его

[59] Австрийский экономист и государственный деятель. Один из основных представителей австрийской экономической школы.

мнению, в концепции «есть зерно истины» и нельзя отрицать, что накопление капитала «требует отказа от или отсрочки удовлетворения в данный момент». Затем он сошел с рельс, указывая на «логический просчет, считать отказ или отсрочку удовлетворения или воздерживание второй независимой жертвой в дополнение к жертвованию средств производства». Он доходит до того, что заявляет — накопление капитала, как и труд, не жертва, а альтернативный выбор, который делает каждый!

Кровавый петушиный бой Бём-Баверка с призраком Карла Маркса привел к тому, что его объяснение накопления капитала стало неудовлетворительным, он был непреклонен в том, что кто-то должен экономить на доходе, чтобы организовывать необходимое для рабочих производство большего объема продукции более высокого качества. Чтобы вы могли следить за мячом и не запутаться, больше внимания уделим некоторым аспектам анализа Бём-Баверка, поскольку он с трепетом включил туда и свою любимую концепцию предпочтений.

Я перехожу к другим принципам Сениора в отношении партизан по накоплению капитала, некоторые из них красноречивы и убедительны, а некоторые распространялись и на теорию воздержания, я считаю, что это как красить губы уродливой свинье.

«Собаки не рациональны. Они ничего не имеют против человека. Они не смотрят на человека, они смотрят внутрь».

— Сесар Миллан,

«Собачий шепот»

Теперь нужно посмотреть через горизонт, чтобы услышать мятежный голос Фердинанда Лассалля. Лассаль высмеял концепцию Сениора, назвав Ротшильда главным «воздержателем» в Европе. Ротшильд был среди европейских стервятников, которые усугубляли раздор и вражду между Севером и Югом. Во время американской гражданской войны эти финансисты получали огромные прибыли, работая на обе стороны, как обычно. Сам Лассаль был активным социалистическим адептом, который представлял интересную параллель с Нассау Сениором. Убеждения Луи Блана[60] относительно социальных проблем, нищеты и экономического кризиса влияли на политическую схему Лассаля как убеждения Уотли на Нассау Сениора. Как и Сениор в свое время в Соединенном Королевстве, Лассаль был в отношениях с наиболее выдающимися немецкими умами, у него было достаточно средств и влиятельных

[60] Французский социалист, историк, журналист, деятель революции 1848 года

друзей. Фердинанд Лассаль по-дурацки бросил вызов на одновременную дуэль с баварским дипломатом, который заставил дочь отказаться от Лассаля, графу фон Раковице. В результате он был смертельно ранен в возрасте 39 лет.

Еще одним достойным потенциальным разоблачителем теории воздержания Сениора был Исаак Ильич Рубин[61]. Он упрекал схему Сениора, поскольку та была основана на умственном превосходстве «трудолюбивых и дальновидных людей» и разорвал ее как «бесполезную для объяснения экономических явлений». Для Рубина «теория воздержания ложно» объясняла, как «возник капитализм и основные черты этой экономической системы». Доктрина не прошла бы проверку даже на примитивном состоянии коммерции и торговли в стране. Суммируя все, Рубин обозвал Сениора «тем, кого можно назвать экономическим адвокатом английских фабрикантов».

Личная трагедия жизни Рубина — ирония с душком. Рубин был впервые арестован через год после публикации книги «История и экономический анализ» (1929) и выпущен четыре года спустя. После эмоционального и физического надлома, ему разрешили работать экономическим планировщиком. Рубин снова был арестован во время Великой чистки в

---

[61] Советский экономист, историк экономической мысли, профессор.

1937 году, и его больше не видели живым. В конце концов, его убили не промышленные капиталисты, а класс, который он так защищал — рабочие революционеры.

Я нахожу отличными попытки Лассаля сокрушить теорию воздержания и накоплении капитала Сениора, да и Рубина. К сожалению, преждевременная смерть Лассаля и трагическая кончина Рубина оборвали шанс противодействующего диалектического наступления. Таким образом, последствия теории воздержания, формирования капитала и начисления процентов Сениора все еще имеют место.

«Жадность это нормально, кстати, я думаю, что жадность это естественно. Вы можете быть жадным и все равно чувствовать себя хорошо».

— Иван Ф. Боевский

Восстания английских рабочих девятнадцатого века подняли вопрос о капитале и процентах до социальной проблемы. Детальный анализ связи между накоплением капитала и процентами не нужен, если только вы не повелись на предпосылку жертвоприношения в теории воздержания Сениора. Проще говоря, проценты — это вознаграждение заемщику за «боль» отказа от денег. Представление интересов Сениора как возвращение воздерживающемуся было еще одним тупым заблуждением, и тем не менее оно стало глубоко укоренившейся основой господствующей экономической теории. Судя по влиянию его анализа капитала и процентов на академическую экономическую сферу, Сениор имеет более далеко идущие последствия, чем распространенные классические экономисты — Смит, Мальтус и Рикардо.

Ойген фон Бём-Баверк настаивал на том, что стоимость будущих товаров уменьшается, так как время, необходимое для их производства, увеличивается, потому, что они портятся в вашем холодильнике. Кроме того, всегда будет разница в стоимости между товарами сейчас и будущими товарами, потому что люди глупы и беспечны.

Альфред Фишер, один из основателей фонда гонки улучшения, которая защищала расовую сегрегацию для «сохранения человеческой расы», основной центр движения новых евгеников в Америке, пошел дальше, чем «перспективная недооценка будущего» Бём-Баверка. Фишер назвал проценты «индексом предпочтений общества за доллар настоящего дохода к одному доллару доходов в будущем». Для него проценты — это стоимость своего «нетерпения», которое создает священную «возможность» для другого, и почему бы не воспользоваться ею. Я хотел бы видеть его лицо, когда он потерял большую часть своего богатства на фондовом рынке, во время краха 1929 года и все равно считал, что экономика быстро восстановится.

Лезущее вперед в современном мире ростовщичество теперь оправдывается, что это вознаграждение за риск, принятый капиталистами. Для Джорджа Райзмана[62], это стоимость эмоциональных горок, которые претерпевает заниматель, отдавая другому свои деньги. Это как игра, где участник может выбрать одну из двух дверей, за одной 100 000 долларов, а за другой 0. Хотя независимо от того, что находится за дверью, в случае кредитов, участник гарантированно получит свои 10 000 долларов. По какой-то причине, рабочий класс не в тех же условиях. Но Джордж Райзман не говорит о рабочих, получающих какие-либо премии за риск, принятый за то, что может произойти на их работе.

Джордж Райзман и ему подобные могут процветать в среде, где люди одержимы больше парить в небесах и фантазировать об «арийском экономическом» бытии, чем создавать реальность на основе экономического запроса. К сожалению, чем абстрактнее и неуместнее становится экономика, тем больше закрывается дверь для обсуждения важных вопросов, которые возникли за всю историю

---

[62] Отставной профессор экономики в университете Пеппердайн. Автор книги Capitalism: A Treatise on Economics (Ottawa, Illinois: Jameson Books, 1996).

накопления капитала и начисления процентов. Так как никто громко не возразил сказке Сениора, можно предположить, что существует единодушное согласие, не так ли? Говорите или замолчите навеки?

«Расстояние между безумием и гениальностью измеряется только успехом».

— Брюс Файрштайн

Американская теория воздержания была в основном подвержена влиянию швейцарского издания XVIII века «Онанизм». В этом трактате Самуэль Огюст Андре Дэвид Тиссо[63] утверждал, что мастурбация вызывает «заметное снижение силы, памяти или даже разума», открывает тело многим болезням, таким как подагра. Поскольку экспериментальные испытания в науке практически отсутствовали и задолго до того, как общество стало узнавать о тестостероне, люди воспринимали на веру, что каждая капля спермы священна, каждая капля спермы велика (я троллю сейчас).

Спустя столетие, в Соединенных Штатах, Преподобный Грэм сделал теорию дивергенции Тиссо своим троянским конем. Милый преподобный полагал, что людям нужно воздерживаться от красного мяса, потому что оно увеличивает сексуальное

---

[63] Швейцарский медик и Ватиканский советник.

желание и поэтому пропагандировал диету, богатую орехами. Он вел битву против мастурбации, которая, как он считал, ослабляет связи в обществе. Теория Грэма потерпела крах, когда он убежал из мест распространения своей проповеди, потому что его преследовали мясники. Его преемник, доктор Джон Харви Келлог, пришел в то время, когда чувства к идеям Грэма изменились, и он был высоко оценен как герой и гений. Он даже поднял ставки и заявил, что женщины тоже не должны мастурбировать. Затем он предоставил инструмент для родителей, чтоб они могли обнаружить занимаются ли их дети мастурбацией. В качестве сдерживающего фактора для этого порока он предложил необычные наказания: у мужчин и мальчиков должна быть зашита крайняя плоть серебряной проволокой или обрезана без анестезии, а у женщин и девочек нужно сжечь клитор карбоновой кислотой. Поскольку идеи Келлога были приняты без сопротивления, он приступил к разработке продуктов для борьбы с мастурбацией. Да, оказывается, что наши любимые закуски и сухие завтраки — это, по-видимому, еда против мастурбации!

Мне пришлось серьезно копаться в американской сексуальности, чтобы показать тревожную четкую параллель между теорией дивергенции Тиссо и теорией воздержания Сениора — они обе основываются на том, что их создатели видели несовершенство человечества и строятся на предвзятых и ошибочных выводах. В то время как работа Альфреда Кинси[64] разрушила прежнюю парадигму, последняя все еще имеет жесткий контроль над экономическими теориями.

«Его руки вырвут кишки священника, если у него не будет веревки, чтобы задушить царей».
— Дени Дидро

Экономика как и политика, рассчитывает на избирательную память и нашу способность принимать абсурд. Я как-то проходил курс по микроэкономике, где профессор на голубом глазу признался, что ничего, что мы учим на курсе не основано на фактах, а только на непоследовательных предположениях. Он не стал соблюдать интеллектуальную целостность, бросая в нас жесткие мячики экзаменов. Я должен сделать еще одно странное признание. Мои детские наставники укоренили во мне мысль, что бережливость западников сделала их мир лучше, чем у нас, в Демократической Республике Конго. Даже во время моих путешествий по всему миру я столкнулся с все тем же хромым оправданием, выраженным одним из самых бедных угнетенных. Когда американского миллиардера Дэвида Сигела спросили, почему он

[64] Американский биолог и сексолог, профессор энтомологии и зоологии, основатель института по изучению секса, пола и воспроизводства.

хотел построить самый большой дом в Америке, его ответ был прост: «Потому что я могу!»

Мои претензии на богатство заканчиваются шопингом на сто долларов в магазинах *TJ Maxx*. Конечно, я в шоке, что кто-то может получить алмаз, обработанный вручную, и пустышку из розового золота за 136 000 долларов или легко заплатить 290 000 долларов за одну романтическую ночь на подводной лодке. В 2001 году американский бизнесмен Деннис Тито выложил, как говорили, 20 миллионов долларов за свои восемь дней в космосе. Что уж говорить о частных самолетах в Нигерии или знаменитых профессиональных спортивных командах, купленных российскими олигархами, чтобы добавить их к своим коллекциям яхт. А ведь есть еще производители дорогих автомобилей, которые стоят более миллиона долларов, и их не могут сделать достаточно, чтобы удовлетворить спрос.

Отвергая существующего Бога, но веря в существование высшей силы, нельзя утверждать, что ты атеист. Мы склонны игнорировать это, поскольку политическая власть подсказывает баланс между высшими экономическими классами и открыто отталкивает рабочих от обеденного стола (нападая на профсоюзы), хищнические навыки и умения, используемые некоторыми, являются единственной квалификацией для удовлетворения страсти к обогащению. Поскольку гуманитарные опекуны, такие как Папа Франциск I и нынешние экономисты, трусливо отступают или умолкают, не поднимая моральный вопрос о накоплении капитала, это не должно стать неожиданностью для кого-либо, потому что сейчас все так же применяется теория воздержания Сениора. Любой подход, такой как увеличение минимальной заработной платы, будет сохранять социальные, экономические диспропорции, так же, как сейчас, потому что это всего лишь, как самоохраняющий ответ капитализма на неравенство. Капиталисты своего не отдадут. Мы смущаемся популярности, мы пренебрегаем фактической истиной и принимаем нереалистичные предположения. Тот, кто сейчас придерживается пародии Нассау Сениора, должен бы избавиться от этого убеждения, выбраться из ада и бежать подальше, как будто от этого зависит его жизнь! Я бы искренне посоветовал вам закрыть эту книгу и сжечь ее. В противном случае остальная часть марафона станет невыносимой для вашей поблекшей совести.

Когда я печатал последние строки этой главы, я решил позвонить моему старому другу «Джерому» чтобы сказать, что я жив и здоров. Ходили слухи, что мое долгое отсутствие было результатом того, что жена сделала поводок на моей шее короче, что умеренно верно, но я дал ему знать, что я был занят написанием книги и что я упомяну его в этой главе. Я не знаю, понял ли Джером, что я сказал, или боялся, что я открою наш ящик Пандоры, но все, что я услышал, на другом конце было: «Чегооо говоришь?»

# Подъем парадигмы

## Интерлюдия 4

Вы боитесь изучить случай
полный опыта и существующий только ради
удовольствия других, заставляющий
дрожать от восторга, но и опасаться
отпустить все мысли и просто
исследовать высоты, которые только
можно себе вообразить, почувствовать
взрыв, полный величия,
невольно вздрогнуть и
испускать звуки, которые несут только чистейшие решения,
и проблемы
ощущаются просто опытом
можно просто надеяться выйти за рамки
снова
и снова
желая найти
уровень максимума, с которого никогда нельзя спускаться

ГЛАВА ДЕВЯТАЯ

## Не покойся с миром

«Как все великие путешественники, я видел больше, чем помню, и помню больше, чем видел».
— Бенджамин Дизраэли

Я давно фантазировал, что в один прекрасный день я напишу эту главу. Поздравляю читателей! Вы добрались до середины. Я понятия не имел, насколько изнурен я был после непрекращающихся интеллектуальных игр ума и жестоких мозговых оргазмов. Противоборствующие близнецы добра и зла оба обитают во мне, и это эмоциональное выздоровление бросило вниз перчатку, заставив их броситься на одну и ту же цель и это сработало, помогло понять мировой хаос, в который мы погружены. Если электрическое сознание не скурило оставшиеся нейроны, которые у вас остались, я готов поспорить, что вы готовы к следующему этапу рациональной химиотерапии, в которой вы сможете выдернуть свои волосы сами, не давая яду делать это за вас. До сих пор мой герой — это вы, читатель, я ценю вас за вашу настойчивость узнать то, ради чего я плыл по современным социальным, коммерческим, торговым и политическим учениям, перешагивал через трупы капиталистической резни и за то, что вы великолепно выбираетесь, несмотря ни на что, из этого лабиринта. Для сбитых с толку и эмоционально уставших тех, кто забыл, как мы сюда попали, позвольте мне повторить эту экспедицию, прежде чем я привяжу вас к плоту и толкну к порогам.

С места в карьер, я поделился с вами мучительной встречей с настоящим лицом несправедливости, или, как мы это называем, неравенством, и одной из многих преследующих меня картин в области социальных, коммерческих, торговых и политических выкидышей, которые насилуют мою совесть день и ночь. Особый личный тон письма, адресованного маме Винсента, это выражение беспокойства по поводу ее страданий и несчастий, вызванного признанием того, что подобная трагедия могла стать моей реальностью, если бы после отвратительного развода моих родителей и последующей грызни с опекой я бы остался со своей неграмотной бездомной матерью, вместо эгоистической и бессердечной юрисдикции отца.

После самообвинения, я надел береты на своих необычных муз и ярких зачинщиц этого загадочного поиска, чтобы оживить мир, в котором мы живем, и, в отличие от моих трусливых современников, найти правильный ответ. Пожалуйста, не переключайтесь.

Нет никаких сомнений в том, что без каждого из этих людей и событий эта книга была бы катастрофической скучным свиданием для вас и для меня. Да, я сказал свиданием, я би-любопытный писатель. То есть мои слова и пассажи никого не дискриминируют.

Я очень надеюсь, что вы поняли, что глава Камикадзе не была данью сумасшедшему чувству долга юных японцев, которое унижает в них человечность. Эта глава проверяет ваше понимание бедности и бедных, которые являются группой, которую так многие наскоро судят и подвергает надругательствам. Вы когда-нибудь задумывались, как много обсуждается и как мало предпринимается надлежащих мер для искоренения нищеты? Я вижу бедных людей? Да, я вижу, и вам следует, если вы до сих пор их не видели.

Стремление и желание большего, которые расшифровывали Карл Маркс и Торстейн Веблен[65], бледнеет по сравнению с глобальным потребителем в XXI веке. Эта прожорливая жизненная сила сослужила плохую службу духовной преданности и дикости западных жителей, где бедные подражали богатым. Китай, Греция и я выступаем в качестве свидетелей того, что гедонизм является одним из миллионов недостатков, распространенных среди смертных и обществ. Дьявол во всех нас носит Прада и держит Калашников. Мир сошел с ума – Гангнам стайл.

---

[65] Американский экономист, социолог, публицист и футуролог

Я начал откладывать деньги, чтобы построить святыню Полу Кругману[66] в моем кабинете после того, как я прочитал его блог «Новые мысли и старые книги», пока не узнал, что он получил Нобелевскую премию за свой слабый удар по системе. Вместо того, чтобы оплакивать очевидное, почему Кругман не придаст новое веяние экономическому «гнилому помету»? Его дань капитализму в двадцать первом столетии показала, что глобальная жажда мессии ослепляет даже самых убедительных экономистов в той мере, в какой он предсказал в, может быть, «самой важной экономической книге десятилетия». Этот остроумный человек и признанный параноидальный хранитель свободного рынка ошибочно принял соблазнительные «шумы» за реальные сигналы. Эта книга могла бы посвятить сотни страниц ложным утверждениям, но многие передо мной уже и так втоптали эту мертвую лошадь в землю. Я, например, не поклонник пропаганды иллюзий капитализма.

Я когда-то считал, что система правосудия не потакает соучастникам, даже если они не участвуют фактически в преступлении. Леди Справедливость всегда была изображена с завязанными глазами и держала весы в одной руке, представляя беспристрастный суд. Я понял, что ее крошечные весы не могут взвесить беловоротничковые проступки большинства финансовых головорезов, которые

---

66 Американский экономист и публицист

сговорились обмануть миллионы. Еще случай, украинский налоговый инспектор, которому выплачивается эквивалент 10 долларов в месяц, по своей природе является коррумпированным, что превращает весь народ в эту эндемичную систему коррупции, которая существует в разной степени по всему миру. Виктор Янукович не был коррумпирован, он просто опустошил украинскую казну, и это разрушило всю украинскую экономику. Он всего лишь козел отпущения, в двадцатом веке были бесчисленные версии Виктора Януковича. И их будет еще больше, если будем продолжать покровительствовать их знаменитым «наставникам» в западном полушарии и игнорировать тот факт, что их схемы привели к гражданским войнам и глобальной финансовой нестабильности, которые стоили нам всем дорого, примером чему может служить кончина малайзийских пассажиров на борту атакованного Боинга МН17 Малайзийских авиалиний.

Мохаммед Буазизи... имя должно говорить само за себя.

Когда я поднимал рычаг возмущения на более высокие децибелы из одной главы в другую, я расслаблял ваши уши несколькими интерлюдиями, чтобы смягчить натиск своих тирад.

Последний эпизод в этой серии «Чегооо говоришь?» был больше, чем упоминанием имени французского экономиста Жан-Батиста Сэя. Я вернул читателя на давно забытую начальную сцену преступления капитализма и раскопал монстра. После смерти Нассау Сениора его скелет излучает ядовитый зеленый цвет с тех пор, как он посадил гноящееся семя в ту доминирующую форму экономики и отчаянно играл центральную роль в укреплении превосходства спекулянтов над трудящимся классом. Я поставил перед собой задачу осквернить могилу Нассау Сениора. Если бы я мог, до тех пор, пока его пародия порабощает нас всех в этой косой форме обогащения и экстравагантности, дезактивации рациональности, на его надгробном камне я бы выгравировал – не покойся с миром.

«Кошка любит есть свежую рыбу, но не заходит в воду».
— Монгольская пословица

Даже среди тех, кто отвергает экономические истерии глобальных циклов последних столетий, некоторые предупреждают, что непропорциональное распределение богатства наносит ущерб среднему классу. Обеспокоил ли вас мой тур по аду за последние сто страниц? У экономистов есть поэтические теории, которые обвиняют высокий уровень безработицы в слабом спросе на товары и услуги, в то время как позорная фотография социального, коммерческого, торгового и политического неравенства собирает пыль. Вот реальная проблема: денежные выгоды от огромной производительности увеличились, а суженные расстояние и время между продавцами и покупателями на этой планете были отданы закрытому классу спекулянтов, известных как капиталисты. Удивительные технологические прыжки с пишущей машинки на ноутбук никоим образом не помогли реальным движущим силам и новаторам фабрик, трудовому классу, которые увидели реклассификацию термина «пропитание» в так называемую заработную плату.

Я бы не стал возражать против того, чтобы мне отрубили голову, если бы эта книга была наполнена апокалиптической яростью без искреннего отвращения. Если что я и понял, когда учился, так это, что самые смелые концепции — это нервные экзальты для невежд, но ощущения себя лучшим из лучших — это работает на нас всех, самовлюбленных идиотах. В результате подход, принятый в последующих главах — не попытка объединить все в продуманную мелодию. Я изо всех сил старался быть настолько скупым, насколько это возможно, чтобы вас не затошнило и не утомило из-за кучи новых концепций, которые я буду вам бросать. Необходимо было переопределить и переделать термины, что являются жизненно важными строительными кирпичами моих альтернативных концепций.

Поэтому, пожалуйста, примите необходимые меры предосторожности, особенно перед тем, как вникать в главу Абракадабра. Конец будет не тем, которого вы ожидаете, более жестокий, чем вы можете себе представить!

Но раз уж вы настойчиво постучались в ворота дьявола, входите...

ГЛАВА ДЕСЯТАЯ

# Лучшие друзья женщины — бриллианты

«У сердца есть свои причины, которых разуму не понять».
— Блез Паскаль

Один мудрый человек, который сидел перед коброй, поклялся мне, что больше боится проснуться утром и увидеть кипящий от ярости взгляд женщины, чем любую ядовитую рептилию. Я пришел к такому же выводу, когда я проснулся под прекрасную мелодию птиц под окном и увидел Тару, которая сидела закинув ногу на ногу и скрестив руки на груди. Вот дерьмо. Ее угрожающие глаза енота были явным признаком того, что она не спала, устраивая эту засаду. В тактическом плане мне нужно было быстро перебрать миллион сценариев. Я начал разбирать накопленные запасы промахов. Прошлой ночью я был дома, когда она пошла на вечеринку с ее лучшим другом. Я не приходил грязный и пьяный в постель, лизать ее лицо всю ночь. Затем я проверил тайный багаж моих юных лет и грустных воспоминаний. Неужели она узнала, что задолго до того, как мы познакомились, как-то однажды меня ласкал орально трансвестит? Эй, в свою защиту, я был не единственным, кто совал свои гениталии в рот, который оказался мужским.

Я собирался выпалить все прегрешения, прося прощения за мои прошлые преступления, но Тара выкатила свой список обвинений, состряпанных ее бригадой недовольных подруг. О чем я только думал? Ничего хорошего нельзя было ожидать от моей девушки, которая болталась с моей бывшей соседкой по комнате и еще одной дальней знакомой. Я представил, как отверженные коллаборантки и одинокие женщины выплевывают пункты этого списка, используя мое подмоченное прошлое, чтобы посеять сомнения в наш процветающий любовный сад. Пока эти стервятники проводили ночь, глотая водку, притопывая под песни Бейонсе, они убеждали Тару, что я не гожусь. Чтобы избежать гильотины, мне дали один выбор: испытание огнем. Если я действительно ее люблю, я должен надеть кольцо!

Если бы я только мог вернуть все время и деньги, и потратить на эгоистичные желания, я бы построил машину времени и запрограммировал ее на 1908 год, в пункт назначения — Колманскоп, в Намибии. Когда-то, все, что мне нужно было сделать, это нагнуться, подобрать один из блестящих камней, лежащих на полу, и вернуться в настоящее с большим камнем, чем микроскопический бриллиант, на который мы потратили мои студенческие ссуды. На мгновение я подумал, не был ли я таким же наивным, как Захариас Льюала[67], он был человеком, который вскоре после того, как подобрал подобный сверкающий камень, который я хотел бы подарить будущей жене, показал его своему немецкому начальнику Августу Стаучу. Льюалу больше не видели. Может быть, меня бы тоже схватили? Я черный и одет неподходяще для бесконечных часов ручного труда, вероятно, что я стал бы еще одной жертвой, добавленной к многочисленным неописуемым рассказам о дьявольских экспериментах и испытаниях, проводимых в больницах, которые потом немцы доведут в концентрационных лагерях Европы до совершенства.

Мне сейчас больно думать о количестве бензина, который мы сожгли, в поисках идеального алмаза.

---

[67] Работник железной дороги Захариас Льюала обнаружил небольшой алмаз. Понимая, что область богата драгоценными камнями, вскоре немецкие шахтеры разбили здесь небольшое поселение, а уже спустя пару лет на месте некогда пустынного края была основана целая деревня, в 1908 г.

Вдобавок к чувству вины за вклад в вымирание белых медведей из-за выбросов CO2 нашего автомобиля, мне пришлось терпеть еще мучительную пытку, слушать объяснения сложной системы «4 К», используемой для классификации алмазов (Карат, Колор, Крафт и Кристальность). Это окончательное выражение моей любви к ней? Я обескуражен тем, что многочисленные романтические стихи, которые я написал, мои сбережения и часы, которых я вложил в кухню отношений, больше, чем шеф-повар Байу[68], Эмерил, затмил этот сверкающий кусок углерода.

Когда мы объездили три округа, охотясь за ним, я размышлял о том, насколько сильна соблазнительная тяга, которую имеет бриллиант. Он сильнее, чем забавные, сладкие, романтичные, смелые, смешные, игривые, прекрасные и глупые воспоминания, созданные парами со всего мира? Они действительно выражают сердечное отношение? Логика, великолепно разработанная Адамом Смитом, Давидом Рикардо и Карлом Марксом, как представляется, объясняет ценность, присущую этому метастабильному аллотропу[69] крошечных кусков углерода. Эти классические политэкономисты экономически обосновали соответствие динамики рынка и скорости денег в их эпоху. С тех пор транзакции развивались куда быстрее. Пачки денег сталкиваются, как бильярдные шары на столе, отскакивая во всех

---

68 Сеть Луизианских ресторанов.
69 Химическое свойство алмаза.

направлениях. В сегодняшних условиях ни люди, ни народы больше не торгуют, теперь мы продаем и покупаем. Большие суммы денег переносятся электронным путем через пластиковые карты, а трансконтинентальные сделки проводятся на экране нажатием кнопки или касанием экрана. Технические чудеса XXI века и транснациональные компании заставляют старую гвардию выглядеть как «Три балбеса[70]», которые взяли на себя обязательство обновить свои старые трюки. Ирония заключается в том, что непомерные цены на этот драгоценный камень не имеют ничего общего с его редкостью — бриллианты не так редки, как нам говорили. Продолжающаяся добыча алмазов свидетельствует о том, что старое объяснение устарело.

Когда я снимал картину Три балбеса экономики[71] с моей офисной стены, я думал о других способах объяснения устойчивой тирании алмазной промышленности. Это просто глупо, думать, что, только тщательно ограничивая предложение, *De Beers*[72] держала высокой цену алмазов. Где-то с 1938 года им стало трудно продавать камни. Люди либо не знали,

---

[70] «Три балбеса» американская коллекция водевилей и комедийных шоу с 1922 по 1970 год, самая известная состоит из 190 коротких сюжетных фильмов Columbia Pictures, которые регулярно транслировались на телевидении с 1958 года. Отличительной чертой был физический фарс.

[71] Автор имеет в виду Рикардо, Смита и Маркса.

[72] Компания по продаже бриллиантов в начале 20 в.

как использовать алмазы, либо не могли позволить себе их. Гениальный консультант, Герольд Лаук, понял, как загипнотизировать западный мир. Средством, которое он прописал, стала продажа алмазов *De Beers* как символ статуса, и вскоре после этого алмазы стали привлекательным камнем. Я справедливо подтверждаю успех кампании Лаука, я одна из его жертв. Было бы признаком нечестности утверждать, что властное стремление к статусу — это грех исключительно сильных мира сего. Увлечение Запада блестящим камнем охватило всех нас в той или иной степени.

«Не откусывай от наслаждения, пока не удостоверишься, что за ним нет крючка».
— Томас Джефферсон

Я ездил по городу, чувствуя себя последним человеком на земле, подходящим для карикатуристского изображения женщин, когда дело доходит до бриллиантов и высмеивания «придуманных» политических экономик в предыдущем отрывке. Мой обычный метод прогнать заботы и беспокойство, это заблудиться в магазине игрушек *Toy«R»Us*, американской сети супермаркетов игрушек, рай для детей и детей в душе, подобных мне. Я провел весь вечер, трогая игрушки, видеоигры, кукол, фигурки, обучалки и конструкторы. Мой момент дзэн внезапно прервался от громкого крика малыша, которого тащила из магазина смущенная мать, в то время как этот мини-Лучано Паваротти крепко вцепился в корону Барби. Сразу же мне стало ясно: если бы я сдерживал свои тайные мысли, я бы дал читателям ложное представление о реальности, что только наше острое желание отделиться от стада заставляет нас собирать мусор со стоек универмагов. Если вы читаете эти строки значит, я обязан рассказать вам всю историю, поскольку я более подробно рассмотрел путеводные звезды, определяющие потребительские привычки.

До того, как Гарри Гордон Селфридж открыл свой магазин в 1908 году на Оксфорд-стрит в Лондоне, в магазинах были руководители этажей, которые преследовали своих клиентов и «вежливо» вышвыривали всех, кто воспринимался не как потенциальный покупатель. Люди хотят забыть или предпочли бы, вообще, никогда не слышать, о том, что, когда Англия считалась самой продвинутой страной на планете, порядочная женщина не могла выйти на улицу без сопровождения мужчины, а разные социальные классы не могли ходить по одним и тем же магазинам. Затем появился Селфридж, чья маркетинговая тактика, развернутая в Лондоне, заняла годы карабкания по лестнице вверх и завершилась высшим руководящим постом в магазине *Marshall Field* у пруда в Чикаго, и изменила стратегию покупок, это заставляло сотрудников буквально после заключения контракта жить в магазинах. Впервые в Англии люди любого социального происхождения могли рассматривать и трогать товары сами, а женские наряды были вывешены в магазине так, чтобы женщинам было приятно их видеть. Магазины Селфриджа не только «цивилизовали» английское общество, но также стали эталоном всей розничной индустрии. Коварный человек, вероятно, близко принял свое бедное детство к сердцу, но и усвоил уроки, извлеченные из библейских занятий про непреодолимый соблазн, который привел к падению Адама и Евы. Как бы то ни было, его умный трюк открыл ворота для всеобщего посещения, что открыло недостатки и кошельки человечества.

Неумолимый портрет китайского процветания, изображаемый как атака Годзиллы, ошибочен. Во-первых, Годзилла — японская ящерица и не имеет ничего общего с китайским драконам. Расистам кажется, что все азиатские монстры похожи друг на друга. Не так давно ксенофобская пропаганда развернулась в кино и застала меня врасплох. В документальном фильме «Красная одержимость» основное внимание уделяется тому, как вожделение китайских богачей изменило цены во всем мире на поставки дорогостоящих вин. Но близорукий фильм скрывал тот факт, что виноградники устанавливают цены, основываясь на мнениях признанных сомелье отрасли, например, один из них в фильме утверждает, что он не просто пробует вкус вина, он «слушает» его. Время катастрофически усилило роль пухлых марионеток, таких как Роберт Паркер, во вторжении французских вин на китайский рынок. Любой может процитировать меня, если посмеет. Бесконечное ссанье барона Эрика де Ротшильда на Великую стену, дошло до китайцев, которые сколотили состояние, швыряя фаллоимитаторы через стену на запад, со всей силой странной любопытной природы китайского аппетита.

Дефицит — это термин, которые западные цивилизации часто насилуют во всех отраслях промышленности, и его влияние в экономической сфере имеет далеко идущие последствия. Недостаточно превратить продукт в дойную корову. Крупные розничные сети со своими глобальными щупальцами разблокировали и освоили второе значение, к которому я вас подвожу. Я считаю, что уходить из супермаркета *Walmart* без покупок не только безрассудно, но и безнравственно. Ну, по крайней мере, если время после полуночи, и вы красивая одинокая женщина, едва одетая. В войне против глубоких карманов и паразитических конгломератов, семейные магазины стоят просто на грани умирания. Потому что мы покупаемся на хитрый узор, который наводняет нас продуктами и рекламными лживыми объявлениями, запутанными схемами с очаровательным американским южным акцентом или легкими поворотами головы Ганеши.

В попытке сделать продукт коммерческой победой ради долголетия бизнеса, обозначенного как конкурентоспособность, после старой эпохи, в которой люди пользовались недостатками других, началась новая эра корпораций, и воспользовалась нашими недостатками, поэтому теперь коммерция свелась к одному: поставить продукт в пределы физической досягаемости потенциального потребителя, в наши дни цифрового засилья жизненно важно.

«Убить себя или выпить чашечку кофе?»
— Альберт Камю

«Двоих нет, один на подходе!» — говорил я себе. Поскольку я избавился от семейных драгоценностей, и в моем столе гулял ветер, я похлопал себя по ягодицам, краеугольным камням моего анализа поведения потребителя, мне нужен был последний толчок, чтобы создать четкую картину, и в голове возникли последние главы, которые затмили мое эго. Во время книги я постоянно пояснял причины, распространяясь о своей жизни и подвергая надругательствам членов семьи и друзей, чтобы привлечь интерес читателя. Но думаю, не каждый день вы сталкиваетесь с тем, кто с детства помогал разрешать всякие авторитарные режимы, которые списывались на социальное заболевание, наказание общества. Да, я наблюдал за зверскими преступниками, волевыми активистами и политзаключенными, задыхающимися и дергающимися, когда они часами болтались в последней надежде, пока их шеи не сдались. Опять же, этим зрелищам не хлопали и на фоне их не обнимались, как у гильотины во времена царства террора Французской революции. Эти преступления не были отражением воли общества, это власти спонсировали шоу линчевания в южных районах Соединенных Штатов в эпоху Джима Кроу[73], где правоохранительные органы держали подозреваемого негра, пока белая толпа не осудит его и не вынесет общий приговор. Мне еще предстоит понять, как безумие и чувство долга побеждают разум, но я потрясен сопротивлением осужденных.

Я мечтал о времени, когда моя жизненная позиция выйдет за рамки потребительства. К сожалению, я понял, что не обращал внимания на крутую гору, на которую мне приходилось лезть, пытаясь пробудить чувство, что правильно, а что нет, у читателей на последнем этапе моего выступления. Страсти глубоко внутри меня были сопротивлением, так как стало очевидно, что мне придется выкапывать самые жалкие переживания моего детства, чтобы пролить свет на завидные черты живых существ. Я, бесспорно, сомневаюсь, что причина моего тщеславного выхода из ада добавит ясности в этот диалог тет-а-тет, который мы с вами сейчас ведем. Пытаясь пробраться сквозь тонны ненавистных воспоминаний, а затем извлечь чистую суть моих проблем и невзгод, я скажу, что, проведя ночи на

---

[73] Широко распространённое неофициальное название законов о расовой сегрегации в некоторых штатах США в период 1890 — 1964 годов.

вершине стенда *Coca-Cola* и не испытав угасания Будды, у меня открылись глаза на нашу неспособность просто лечь и умереть, без помощи милосердного доктора Кеворкяна[74].

Рассказы о несчастье уже есть в изобилии в этой книге, но за ними кое-что большее, чем кучка рассказов о выживании и больше, чем истории о движущей силе ментальной сдержанности, которая мешает нам избавиться от наблюдателя на работе или громкого клиента. Люди, более чем другие виды, овладели навыками, необходимыми для того, чтобы избежать боли и продлить наше существование. В моем сознании нет сомнений, что у всех нас есть одна и та же решимость удовлетворять наши индивидуальные потребности, но разница в том, что мы мыслим об этом по-разному. Мой старший двоюродный брат Клод, клептоман, никогда не задерживался больше двух дней на одной работе в течение всей своей жизни, но ему удается жить очень хорошо, отираясь около богатых и знаменитых и пользуясь своим талантом. Есть еще один триггер, почему мы покупаем то, что покупаем. Помимо чувств и соблазнов, покупка обуви, жилья, работы, еды или просто прожигание жизни, тусовки или тихая жизнь — это ответ на нашу неспособность выносить дискомфорт и страх перед лицом неизвестности после смерти.

---

[74] Специалист по эвтаназии.

«Я стремился не смеяться над человеческими действиями, не плакать о них и не ненавидеть их, а понимать их».
— Барух Спиноза

Мои друзья сторонники теории заговора сравнили эту главу с поездкой на несущихся стальных американских горках, когда бывало, пытались объяснить злоупотребления, финансовый кризис, войны и человечество, растущее вширь. Что еще можно ожидать, когда склонности людей к действию можно подменить макиавеллистской тактикой[75] и ненасытным любопытством. Я утверждаю, что стремление к удовлетворению основано на страхе неизвестности, в то время как понятия материальных потребностей и максимизации удовольствия являются яркими баснями, которые вкидывают теоретики в стремлении подтвердить свои академические позиции. Я старательно организовал эту главу таким образом, чтобы ее можно было без усилий поглощать, и я хорошо понимаю, что три понятия о ценности, которые я выяснил, будут вымыты из головы читателя, если не дать ярлыки и краткие описания.

> Сентиментальная ценность: бабушки и дедушки, неадекватные родители и властные матери получают выгоду от гипнотизирующей силы

[75] Манипулятивная тактика

эмоционального принуждения, а человек, подвергнутый этому радиоактивному лучу, долгое время страдает от острой низкой самооценки, необходимости одобрения и диабета. Это чисто психологические потребности, которые могут быть созданы нашими фантазиями или маркетинговыми аферами.

Ценность близости: ряд придуманных историй, которые предлагают сегодня винить женщин во всех человеческих страданиях в мире. Это не так! Мы все унаследовали слабости Пандоры: в греческой мифологии Зевс вручил ей коробку и сказал, что она не должна ее открывать, но она открыла и выпустила все болезни и зло в мир. Искушение — одна сторона монеты. С другой стороны, близость.

Ценность средств к существованию: на протяжении всего времени ценность удовлетворения потребностей всегда ограничивалась и сокращалась до уровня прожиточного минимума, мы наблюдали, как в Англии рабочим во время Нассау Сениора, давали еды достаточно для следующего рабочего дня или их выбрасывали на паперть. Вину и ответственность за это обычно налагают на капиталистов. Безотносительно нападок

Торстейна Веблена на богатое и чванливое потребление нуворишей, я хочу указать на другое: существует независимая причина всеобщего подчинения узкому определению физиологических потребностей.

Я должен подчеркнуть склонность к действию как ключ к моему анализу. Чтобы связать все вместе и бросить кость людям, которые не смогли решить эту загадку вселенной, не имея кетамина, чтобы совершить путешествие в мир измененного сознания, склонность к действию противоположна безразличию и сумме ценностей (сентиментальность, близость, и пропитание). Чтобы успокоить читателя, я сократил это озадачивающее объяснение по очевидной причине, и в последующих главах я поставлю эту концепцию на пьедестал торговли и освещу структурные последствия. Тем не менее, существуют конкретные жизненно важные признаки для выражения характеристик ценности.

Текучесть: никакое другое путешествие не иллюстрирует его лучше, чем то, что психологическая игра может превратиться в физиологическое увлечение, как наркомания. Для социального агрессивного курящего подростка курение — способ вписаться в группу трагической взрослой жизни и ее тягот. Ходьба босиком может показаться самой сексуальной «богемной» штукой в университетском городке США. У нас есть обувь, чтобы избежать болезненных волдырей, за счет твердой подошвы, но Кени Вест[76] утверждает, что пара дорогущих теннисных туфель Гуччи заставит вас летать.

Нуль или негатив: когда мы росли, один из моих самых близких друзей считался самым странным ребенком в нашей группе. У него был нулевой интерес к девушкам, но он любил заплетать им волосы. Спустя более десяти лет я наткнулся на него, отдыхая и бродя по моему старому району. Он беззастенчивый, пылкий гей. Кстати, его волосы были безукоризненно причесаны.

Возвращаясь к началу истории, охота за сокровищами не закончилась так, как ожидала моя жена. Когда она выставляла свое кольцо перед друзьями, она слышала неприятные вещи и циничные комментарии, вместо аплодисментов. Один из ее друзей сказал шокирующую мысль, спросив, кровавый ли это бриллиант[77]. К моему большому удовлетворению, с тех пор она завершила свое VIP-членство в клубе ужасных девчонок и на *Facebook* она понизила статус всех девушек, чьи лучшие друзья

---

[76] Американский исполнитель хип-хопа, рэпер, продюсер, композитор и дизайнер.

[77] Кровавый бриллиант — бриллиант, добытый в зоне боевых действий

бриллианты, до знакомых. Давайте вспомним, что тут речь о том, что я не просто увлекаюсь сексуальной медсестрой, которая переживает, работая с терзающимися и больными душами, символ статуса ношения кольца указывает на то, что человек почитается, как кто-то ценный и достойный требовать гораздо большего, чем обычные сексуальные спринтерские кошмары одиноких женщин, в которые они вляпываются, ожидая свои половинки. Проще говоря, искусственно созданная сентиментальность. Пока потенциальные сюжетные линии могут быть выгравированы на этих кусках углерода, мошенники болтают ими прямо перед нашими глазами, а помолвка освящает плотские удовольствия, бриллианты — это ужасная фантазия мужчин и настоящие лучшие друзья женщин!

ГЛАВА ОДИННАДЦАТАЯ

# Мальчик-с-пальчик

«Я перестал искать девушку из грез, я просто хотел ту, что не была бы кошмаром».
— Чарльз Буковски

После попеременных ударов и хуков в этой книге, я уверен, что вы чувствуете, что находитесь на жертвенной стороне насильственных отношений. Если эти контрольные признаки вас не испугали, черт возьми, я держу пари, что и последующие признания моих диких дней вас не испугают. Попытка справиться с моими алко- и вечеринко- фобиями у моих друзей и членов семьи заняла много времени. Кажется, что еще недавно, независимо от того, где я был на этой планете, независимо оттого, как одинок или псевдо возбужден я был, болтаясь с кузеном Оливером, выходные были посвящены непристойным и мутным празднованиям.

Что за место, где сходятся импульсивные хищники и разнообразные жертвы? Ночные клубы! Даже набитые, как сардины в банке, в каком-нибудь клубе, разные группы рисуют разделительные линии территорий, которые делают охоту за партнером на вечер крайне утомительной. От грязного городка Маншият-Насир в Египте до яркого внешне финансового центра Дубая выпивка придает храбрости мужчинам и они сканируют пространство, испытывая одинаковую боль, делая первый шаг и предлагая напиток заинтересовавшему их объекту, что ставит их в более слабую позицию в переговорах. В то время как желанные для множества свободных душ, лукавые женщины остаются соблазнительно расплывчатыми и просто недосягаемыми, нанося травмы начинающим игрокам в барах.

Я не избежал унижений и сокрушительных поражений в ночном клубе. С неудачей приходит опыт, или, лучше сказать, разработка новых стратегий. Наступает возраст и пора, когда хищник проходит процесс изучения того, как синхронизировать «обе головы», играя. Шлепки на моем лице и обманы заостряли мой нюх овчарки и инстинкты снайпера. Теперь я могу быстро вынюхать не только скрытую шлюху, ждущую снаружи ночного клуба, но и легко убедить ее, что прыгнуть в машину незнакомца — это мудрое решение. Во имя моей жизни, моей жены, толпы, притворяющейся хорошими чуваками, которые могут убить меня, а также для передачи опыта, я должен сказать, что не каждый человек жаждет бимбо[78]. Это были мои наслаждения и антистрессовые предпочтения, в то время!

Когда дело доходит до спаривания, у женских видов есть свои собственные причуды. Мои приятельницы, горячий плавильный котел разных пород и рас, либо патологические лгуньи, либо страдают от дизъюнкции[79] мозга и остальной части тела. Они заявляют, что ищут высоких, привлекательных, богатых и хорошо образованных партнеров. Этот выбранный прототип, альфа-самец, является издевательским контрастом с мелкими клоунами, неотесанными дикими кабанами и женщины потом пытаются стереть об этом воспоминания, списывая все на то, что они были сильно пьяны. Когда я спрашиваю свою жену, почему она согласилась на свидание со мной и вышла за меня замуж, ингредиенты эликсира глупости оказались на удивление простыми. Основное падение этих тигриц — это сумма постоянного несчастья, отстраненности и дерзости и тонкого юмора. Три гипнотизирующие силы разбивают безразличие женщин, и вуаля!

На первый взгляд, каждый в клубе не хочет идти домой один. По иронии судьбы, женщины не маршируют стаями полуголые, чтобы встретить мужчин и безразличны ко множеству парней,

---

[78] Сленг. Девушка легкомысленная, вызывающего поведения

[79] Разобщение

просящих их номер телефона, в то время как джентльмены стекаются в клубы, чтобы встретить женщину, и у них никогда не будет недостатка в выборе. Это же уравнение применяется к кибер-миру и распространяется на случайные прогулки по оживленной улице, где мужчины инициируют разговор на основе того, что они видят, а ответ женского пола основан на том, как они себя чувствуют в данный момент. На вечеринке эта картина оживает, когда кто-то заводит беседу о свиданиях, и бум, женщины со своей стороны утверждают, что рыцарство мертво и возлагают вину на мужчин, в то время как мужчины единодушно перебрасывают вину на женщин, потому что их запросы сложно удовлетворить.

Прямо сейчас, вы, наверное, усмехнулись и задаетесь вопросом, как этот бесстыдный цирк ухаживаний связан с экономикой. Я отложу сложности однополых отношений и других форм отношений, чтобы быть кратким. Мужская склонность к действию в значительной степени основана на их ценностях пропитания, предпочтениях и их сентиментальных ценностях, женщину же заставляет действовать равнодушие. Ценность близости одинаково влияет на склонность действовать для обоих полов. Что касается торговли, я не могу поддерживать ложную микроэкономическую предпосылку предпочтения и безразличия, которые лекторы используют, чтобы ошеломить своих учеников и сделать их своим хлебом и маслом. Линии в клубах такие же, как на рынке. Позвольте мне приписать пол, не назначая предубеждений, которые с ним соотносятся: фирма — мужчина, а клиент — женщина.

Мои утверждения ссылаются на простоту в сложном танце самбы между фирмами и покупателями. С одной стороны, есть советы директоров компаний, где по-прежнему исключительно доминируют эгоистичные мужчины, принимают решения, основанные исключительно на целях выживания и непрерывности, которая стоит выше предпочтений. Предприятие или бизнес состоит из группы людей или отдельных лиц в поисках продуктов — дойных коров или «выгод», и действуют, как мужчины в клубе. Это правило не освобождает от массовых манипуляций. Премьер-министр Бангладеш, шейх Хасина, или бывший государственный секретарь Соединенных Штатов, Хиллари Родэм Клинтон, олицетворяют мужской мачизм[80], чтобы играть в высшей лиге. С другой стороны, женщины унаследовали критическую ответственность за наше благополучие. С раннего возраста дети обоих полов ходят на базары и замирают в супермаркетах, и повторяют модель поведения в магазинах своих матерей. Поэтому неудивительно, что этот процесс программирования мозга пришел к тому, чтобы заставить покупателей удовлетворять прихоти и

---

[80] Осознание мужского превосходства.

выставить продукт так, словно он не нуждается в покупателе. Создавая концепцию, выбор поставщиков основывается исключительно на их предпочтениях, в то время как покупатели (потребители являются подкатегорией) являются результатом самодостаточности продукта.

На западе вас бы поразило, что фирмы стремятся соблазнить покупателей и перебить их безразличие. Целые этажи магазинов спроектированы на основе сложных исследований поведения покупателей. Тот же принцип относится к менее изысканному, на ваш взгляд, методу уличных торговцев на рынках вуду в Ломе, в Того или на плавучих азиатских рынках Бангкока, в Таиланде. В то время как предприятия прилагают все усилия, чтобы наша защита пала и мы вывернули карманы, мы, покупатели любого пола, возраста, расы, географического положения и социальной стратификации, включая Владимира Владимировича Путина, превращаемся в маленьких девочек.

«Самое сложное, это объяснять очевидное, что все решили не видеть».
— Айн Рэнд

На западе меня ошеломила беспрецедентная наивность широкой публики. Простейшая проверка фактов показала бы фейковость многих легкодоступных новостей. Когда я сталкиваюсь с любой проблемой, мне жизненно необходимо перейти к источнику и поймать змею за хвост. С 1878 года Милтон Райт[81] принес своим двум младшим сыновьям Уилбуру и Орвиллу игрушечный «вертолет», сделанный из бумаги. Братья Райт построили летательный аппарат. Эта история звучит так романтично, но в ней много противоречий и взаимоисключающих параграфов. Мне приходит в голову Густав Уайтхед[82]. Я привязываю этих отцов механических птиц к возмутительной атаке Японии на Перл-Харбор и несообразному возмездию американского правительства, атомному удару по Хиросиме и Нагасаки. Я считаю, что каждая сторона получила новые личности в аду, и поэтому избежала второй смерти, от линчевания толпой за их вклад в смерть нашей прекрасной планеты.

Время от времени я подвергаю свой интеллект причудливым боям в клетках, стремясь улучшить свою толерантность к плохо информированным людям. Независимо от того, насколько стильно я побеждал в симуляторе Шаолиня, это всегда плохо кончается для людей, которые приезжают из стран, которые я рассматриваю как запертые в поисках понимания

---

[81] Отец братьев Райт, изобретателей летательного аппарата.

[82] Немецкий иммигрант в США, пионер авиации, разработавший и построивший двигатели и сверхлёгкий самолёт, на котором, как полагают некоторые историки авиации, совершил полёты с двигателем более чем за два года до братьев Райт

других, вместо того, чтобы искать, кто они есть на самом деле. Я не испытываю сочувствия к этим агностикам[83] и рабам, чья тупоголовость продлевает экономический квашиоркор[84]. Их самодовольство лежит в международном скандировании и преувеличенном оправдании гражданских конфликтов и коррупции, а в случае индейских племен — алкоголизме.

Как выходец из одной из социально выржденных республик, которая, как и многие другие страны, переметнулась, вместо того, чтобы воспользоваться преимуществом, пока США боялись коммунизма в шестидесятые и семидесятые годы, я имею право сказать, что пусть и запоздало, но мы сталкиваемся с вопиющей правдой. Умаляя влияние на ранее колонизированные народы «предлагаемого» правительства и его руководства – отеческого мудреца, обеспечивающего его иждивение, как наследие затяжных унизительных привычек колонизации, – стада нелепых ученых полагают, что в большинстве стран третьего мира главной проблемой является безработица.

Если я позволю себе согласиться с этим фарсом, то я скажу, что два лекарства от этого находятся в

---

[83] Термин в философии, теории познания и теологии. Сторонники агностицизма считают принципиально невозможным познание объективной действительности через субъективный опыт и невозможным познание любых предельных и абсолютных основ реальности.

[84] Заболевание, вид дистрофии на фоне недостатка белков.

тысяче миль от теории разделения труда Адама Смита. Первое - это доминирующая разнородная национальная продвинутая торговая специализация или как я это называю: «поддельная, пока вы не разовьете ее сами». Второе решение связано с двадцать первым столетием: плюрализм системы обучения.

Я вкратце изложил комплексное решение и плюрализм системы обучения в последней главе этой книги, поэтому продержитесь до нее. Давайте пойдем по шажочку. Различная специализация национальной торговли на этапе младенчества требует создания инфраструктуры и извлечения основного продукта — по существу, денег, чтобы придумать лекарство и провести болезненные сеансы экономической химиотерапии. Если у вашей нации есть ядерные бомбы, пожалуйста, раздувайте свой долг, чтобы финансировать инъекции стероидов и быстро получать огромные деньги. В середине 2014 года мировой долг достиг 59 триллионов долларов! Более того, потрясающе (я острю), самые высокие должники — не обедневшие Чад и зараженная войной Республика Центральной Африки, но львиные — экономики Соединенных Штатов и Соединенного Королевства.

Почему никто не советует бывшему премьер-министру Соединенного Королевства Тони Блэру под его нынешним псевдонимом *Международная Прозрачность* бросить лаять на бедных и укусить собственный хвост? Тем не менее, мир, не паникуйте.

Учитывая другие страны, есть еще 370 миллиардов долларов, прежде чем мы все спрыгнем с этой планеты! Позвольте мне обратить внимание на страны без всякого ядерного оружия или каких-либо страшных советов по военным арсеналам, которые избежали ловушки саморабства и тирании финансовых учреждений, отказавшись от иностранных инвестиций, и взяли на себя просто роль посредников. Те, кто готов быть частным репетитором, таким как Фред К. Кох[85], просто убеждаясь, что они не работают со злыми детьми.

Другие страны просто подсели на стероиды, которые имеют опасные последствия для здоровья, такие как атрофия политических яиц или обострение бреда руководства. Последнее произошло в Мексике, вынужденная модернизация и экономический рост при правлении Хосе де ла Крус Порфирио Диас Мори[86] должны послужить предостерегающей сказкой. Порфирио создал дикое несоответствие между цветущим высшим классом и серьезным обнищанием сельских масс, что привело к Мексиканской революции в 1910 году.

---

[85] Фред Чейз Кох был американским инженером-химиком и предпринимателем, который основал фирму нефтеперерабатывающего завода, которая позже стала частной компанией Koch Industries

[86] Мексиканский государственный и политический деятель, временный президент с 21 ноября по 6 декабря 1876 года.

После тяжелой работы страна заболеет дегенеративным[87] заболеванием. Есть много фактов, показывающих, что нация становится богатой, если успешно решаются социальные, коммерческие, торговые и политические вопросы, и это лейтмотив этой книги. Что это такое? Если вы это поняли, отлично. За бездельников я категорически отказываюсь выполнять всю умственную работу. Давайте просто надеяться, что вы сможете расшифровать это до конца этой главы, или вы обречены.

После нескольких месяцев интроспекции[88] долговременного навязывания ошибочных выкладок Давида Рикардо в области коммерции и особенно торговли, я обнаружил, что в политической экономике так и нет смысла. Тот факт, что сравнительное преимущество Рикардо преподается со всей строгостью, приводит к полной пассивности экономической академической науки. Но я беспокоюсь о другом спектре. Меня не удивляет мастерство брокера и преуспевающего финансового спекулянта на рынке, которого Рикардо натолкнул на одну правильную ставку, которая возместила большинство

---

87 Заболевания, при которых происходит постоянное, непрерывное ухудшение структуры и функционирования тканей или органов

88 Метод углублённого исследования и познания человеком моментов собственной активности: отдельных мыслей, образов, чувств, переживаний, актов мышления как деятельности разума, структурирующего сознание, и тому подобного.

его ошибок. Вывод Рикардо о дуальности между стоимостью труда и прибылью действительно был небольшим заявлением для человека, но одним гигантским выводом для человечества!

Я рассматриваю прямую обратную связь между трудом и прибылью, как естественный закон, как силу тяжести. Тем не менее, я сформулирую это по-другому, уклоняясь от кардинального греха классических экономистов, сплавляющих два разных действия вместе. Я должен смягчить свое обвинение, потому что у них были предпосылки в их упрощенных примерах, про бобра и оленя[89] в случае с Адамом Смитом, товары обмениваются и не продаются на открытом рынке. Кроме того, деньги еще не были существенной частью, представляющей долю национального богатства и которая была софистически привязана к благосостоянию.

Давайте проясни, я не предлагаю сделать деньги нераскрытой суммой энергии, которую можно поймать и вывести оленя на рынок, но деньги это переходной инструмент, вносящий вклад в общее благосостояние. Мой пример — это страна, для которой вся экономика основана на создании стульев. Если эта нация имеет сто стульев, объем любой

---

[89] Смит в труде приводит пример: «Так, например, если у охотничьего народа обычно приходится затратить вдвое больше труда для того, чтобы убить бобра, чем на то, чтобы убить оленя, один бобр будет, естественно, обмениваться на двух оленей, или будет иметь стоимость двух оленей.»

переходящей формы оплаты, поддерживаемой правительством этой страны, представляет собой примерно сто стульев.

Если вы не умеете читать между строк, я имею в виду, что денежно-кредитная политика может только остановить экономическое кровоизлияние, но она никогда не оживит или не повысит экономическую силу нации. Тем не менее, я не собираюсь игнорировать деньги как финансовый инструмент, который искусственно создает больше денег. И доллар не является исключением. Америка эффективно выбила золото, заменив его золотым запасом доллара в качестве мирового валютного резерва, а потом медленно захламляла и контролировала представительство богатства других стран или, в нашем примере, количество стульев. Тонкое послание в этой главе состоит в том, чтобы опровергнуть понятие рационального максимизатора[90] и, скорее, продемонстрировать, что люди, как и любое другое существо, являются рациональным минимизатором.

Мы используем имеющуюся у нас информацию и естественный опыт, чтобы минимизировать риск, наше разочарование и нашу боль в случае каждого выбора, который мы делаем. Значение, которое оказывает большее влияние на наш процесс принятия решений, основано на той роли, которую мы предполагаем в тот момент: либо добыча, либо

[90] Человек соглашающийся только на лучший вариант

хищник. Когда вы идете в супермаркет, вы жертва, а когда вы что-то продаете, вы хищник. Так как я определяю терминологию, с которой вы столкнетесь в последующих отрывках, я предупреждаю вас, что цена используется здесь как денежная выгода по отношению к склонности человека к действию, независимо от того, товарная[91] эта цена, рыночная[92], или естественная[93].

Мои изящные аплодисменты Рикардо заставили мой разум проникнуть в провокационный лабиринт. Держитесь крепко, я попытаюсь изо всех сил не потерять вас. Лучший способ рассказать эту историю, не потеряв вас, такой: капитализм в его нынешнем виде имеет конфликтный мост между производством и обслуживанием. Сторона предложения определяет доход. Первоначальная атрофия капиталистов ценности пропитания рабочей силы привела к тому, что затраты на рабочую силу составили фиксированную цену труда, чтобы собрать здоровую долю целесообразной цены. И затем они перешли к стороне спроса, злоупотребляя испуганными

---

[91] Количество товара, обмененное на единицу другого товара

[92] Ры́ночная цена́ — средняя арифметическая цена предложенного товара или услуги на определённом рынке (например, за конкретный промежуток времени).

[93] Смит определяет понятие естественной цены так: "Если цена какого-либо товара не больше и не меньше того, что достаточно для оплаты - в соответствии с и естественными нормами - земельной ренты, вознаграждения за труд и прибыли на капитал... он продается, можно сказать, по своей естественной цене".

рабочими, чтобы выжать максимум прибыли, одновременно поглаживая сентиментальную ценность покупателей, чтобы поднять рыночную цену так же высоко, как опустить естественную.

Из моего наблюдения за одним человеком, живущим в ужасной трущобе, и другим, живущим в охраняемом поселке: оба идут на работу, чтобы не потерять крышу над головой, и каждый из них владеет телевизором и DVD-плеером, потому что им нравится смотреть непристойные фильмы. Этот пример не о том, что бедные люди любят подражать богатству, но тупо указывает на принципы, порабощающие людей, чтобы они работали как мулы, и «хочувость» была равномерно и повсеместно разбросана. Фактически, осуждение эксплуатации труда Карла Маркса было скромно правильным и в то же время как-то неправильным, потому что не включало в себя эксплуатацию покупателей.

Храбрые люди, такие как рикардианский социалист Томас Ходжскин, с каменными лицами ссылаются на основной вывод Рикардо, заявляя, что труд является источником всей ценности. Это классический ответ одного буржуа другому, на собрании буржуазных сторонников, чья нынешняя позиция заключается в том, что капиталисты принимают на себя весь риск в торговле. Для всех горячих сторонников Карла Маркса, читающих эту книгу, я искренне сожалею, но я перестал рассматривать этого пьяного, вспыльчивого, бородатого мужчину как бунтаря за его дезориентирующую уступку, что рабочие пропадут без тех, кто дает им деньги. В сочетании с пространным и скудным вкладом Пьеро Сраффы[94] в идеи Рикардо, он только добавил сложный аргумент, достаточный для обеспечения существования ряда экономических факультетов. По большей части единственный правильный аргумент Давида Рикардо, дуальность[95] между трудом и прибылью, был потерян под кучей мусорных теорий.

«Не пугай птиц, в которых ты собираешься стрелять».
— Малагасийская[96] пословица

В нашей общей совести есть предписанные усилия заглушить дискуссию вокруг экономических диспропорций. Несколько раз, когда микрофон включался, дискуссии сосредотачивались на том, кто заслуживает или не заслуживает львиной доли излишков. Рестлинг на пальцах потерял свою популярность, не успев войти в двадцать первый век. Я могу себе представить, что скоро люди обратятся к колдунам за советами по политэкономии, как

---

94 Пьеро Сраффа — итальянский экономист, привнёсший в кейнсианскую экономическую теорию элементы рикардианства и марксизма. Считается одним из основоположников посткейнсианства и неорикардианства.
95 Дополнение, разделение на дополняющие противоположности, поляризация, придание взаимоисключающих свойств
96 Население Республики Мадагаскар

африканские и гаитянские лидеры делают в течение многих лет. Кто виноват в отсутствии оригинальности, когда речь идет о решении этой дилеммы экономической дисциплины?

Экономисты на цыпочках обошли определяющую черту между двумя начальными секторами капитализма, производством и услугами в своих попытках затереть неточные определения естественной цены и рыночной цены, опасаясь, что только последняя содержит оправданный излишек. Тем не менее, в однозвездночном штате Техас, испорченный производитель электрических автомобилей «Тесла» не имеет права продавать свои автомобили непосредственно людям. Автопроизводители должны обратиться к франчайзинговым дилерам, чтобы предлагать свои продукты и услуги. Также, в Эфиопии я узнал, что рестораны не могут владеть мясной лавкой или наоборот. Во всем мире есть вопиющие стены, возведенные между производством и услугами, основанные на здравом смысле, без разрушения бизнес-секторов.

Мне как-то говорили люмпенские интеллектуалы, кичащиеся своей устаревшей и деффицированной славой, что я не имею права двигаться с того момента, где Давид Рикардо остановился, пока они не утвердят, что я такое право заслужил. До сих пор я продолжаю находить сухари с инициалами Давида Рикардо на всем, что я подобрал.

Да к черту ваши утверждения — мне нечего терять, идя по дорожке из хлебных крошек и проповедуя весть об освобождении, прежде чем денежные бандиты совершат еще один *лживый* «экономический подъемный бум» и убедят мир в том, что изменения не нужны.

Поскольку в сегодняшнем мире полно приложений на наших смартфонах, которые восстанавливают факты доисторической науки и угрожают сцепиться с бизнесом моего тестя по подаче налоговых деклараций, нет никакого оправдания слепому следованию неправильному пути. Джозеф Шумпетер[97] — одна из редких экзотических птиц, которые выразили свою озабоченность по поводу роли идеологии в экономике, но, что более важно, он предвидел проблеск чуда. Как представлено сегодня, продвижение информационных систем демистифицировало[98] роль банковских счетов, омрачило будущее бухгалтеров и постоянно увеличивает финансовые транзакции до самых далеких уголков Земли. *Пока мы обсуждаем то, что ценим больше всего, я верю в первостепенное преимущество нынешней и будущей технологической мистики и мастерство наших современников, которые помогут преодолеть разрыв*

---

97 Австрийский и американский экономист, политолог, социолог и историк экономической мысли. Популяризировал термин «созидательное разрушение» в экономике и термин «элитарная демократия» в политологии.
98 Здесь: упростило.

*между плачевным тем, что есть, и невероятным тем, что должно быть.*

# Новый завет

# Интерлюдия 5

Я не настолько мастер слова
я пытаюсь стереть пространство между нами
Идеальная история должна подождать
пока мы прокладываем деревянную линию
со всеми реалиями, вспыхивающими на ней
я пишу, основываясь на том, что я должен сказать
это слишком сложно для моего разума
смотри, мои руки пытаются удержать,
что я не мог себе и представить
и что я не могу облечь в слова,
люди это полное отражение меня в твоей голове?
и я даже не знаю, почему я хотел бы этого,
кроме того, что я слышу вас
и, возможно, даже не слышу,
это больше, чем слова, которые я могу произнести
Это я каждый день, с тех пор, как я растерял фантазию
и я не извиняюсь
за то, что не знаю, как это описать
поскольку это полностью
внутри меня
это...
чудо, конечно,
жертва, естественно,

Одно можно сказать наверняка
я ценю авторучку и свою боль
и ради всего святого
я не перестану уважать их
нет,
я не откажусь от попыток
прогнать дьявола

ГЛАВА ДВЕНАДЦАТАЯ

# Текущее и грубое состояние общества

«Скажи правду и встретишься с дьяволом».
– Итальянская мудрость

Прежде чем двигаться дальше, я прочитал последний абзац одиннадцатой главы того, что я считаю социально-политико-экономической Торой[99] «Богатство народов[100]». Прямо там, Адам Смит дает острую отповедь, осуждающую жадный характер спекулянтов. Он предсказывает социальный, коммерческий, торговый и политический потоп, если класс спекулянтов не одумается и продолжит рождать

[99] В широком смысле, совокупность иудейского традиционного религиозного закона
[100] Труд Адама Смита

Иваров Крюгеров[101], Сибтул-шахов[102] и Бернардов Мэдоффов[103], которых мы видим сегодня. Я думаю, что дух Смита парит над нами и лихорадочно бьет тревогу. Если есть что-то, чему можно научиться на повторяющихся волнах глобального финансового кризиса и пандемии[104] социальной, коммерческой, торговой и политической несправедливости, то это тому, что сознание общества всегда, во все времена отстает на тысячи шагов от шахматных партий

---

[101] Шведский инженер, финансист, предприниматель и промышленник, «Спичечный король», созданная им корпорация контролировала 75 % всего мирового производства спичек. Во времена Великой депрессии обанкротился и покончил с собой, застрелившись в номере парижской гостиницы.

[102] Саед Сибтул Хассан Шах, вернулся из Дубаи в Вазирабад (провинции Пенджаб) и сделал своим соседям выгодное предложение. Убедив всех в том, то в командировке он обучился новейшей биржевой программе, он предлагал всем желающим удвоить свои сбережения всего за неделю. Именно поэтому схема и получила название "Двойной Шах". За полтора года пирамида разрослась по всей стране, более трех тысяч вкладчиков отдали ему сбережения более чем на 880 миллионов долларов по курсу того года. Саед Шах даже собирался стать политическим лидером региона, когда полиция произвела его арест. Тысячи людей вышли на улицы с требованием освободить их финансового гуру. В данный момент герой истории находится за решеткой, а следствие продолжается до сих пор.

[103] Бернард Мейдофф — американский бизнесмен, бывший председатель совета директоров фондовой биржи NASDAQ.

[104] Эпидемия, характеризующаяся распространением инфекционного заболевания на всей территории страны, территорию сопредельных государств, а иногда и многих стран мира

владельцев бизнеса, которые те выстраивают для захвата богатства и власти. Нострадамус политической экономики жил достаточно долго, чтобы получить представление о главном импульсе, предшествовавшем ужасному кошмару, вызвавшем глобальный финансовый переворот и расшатавшем порядок.

Два столетия назад опасения Смита о «держателях денег», которые связались с существами, пристрастившимися к власти и парадам (политиками), уже давно высмеяны самонадеянным чувством, что личный интерес и социальная ответственность не являются взаимоисключающими идеалами. На самом деле, фальшивый антагонистический демократический ритуал выборов заманивает кандидатов всех конфессий и платформ, нуждающихся в средствах для кампаний, в звуконепроницаемые подземелья злых магнатов. Победители останутся в этом подземелье на коротком поводке во время своего пребывания на посту, где их шлепают подушками, наполненными наличными, оставаясь покорными и бессильными, глядя, как «спонсоры», выбивают дерьмо из Мейн-стрит, чтобы оправдать ожидания Уолл-стрит. Эти злоупотребления общественным доверием не сравнить с жестокостью и репрессиями, которые царят в мрачном полушарии. В странах, где разделительная линия между двумя мирами, государственным и частным, отсутствует и политика является синонимом бизнеса, ужасные вещи происходят все время с лучшими людьми, а жизнь продолжается.

Относительно налогов, предсказания Смита были правильными. Конгломераты со своими щупальцами по всему миру справились с уменьшением своих налоговых обязательств настолько хорошо, что иногда государственные казначейства разорялись и оставались им должны. Множество крошечных островов поднялись из-за того, что стали налоговыми гаванями, помогая людям и предприятиям уклониться от налогов, наняв местного бухгалтера и сменив юридический адрес. Нам нечем гордиться. Недавний ответ со стороны правительства Соединенного Королевства против Халка, известного как «Старбакс», изобретательно осуществляющего защиту бизнеса, чтобы уклониться от налогов, привел к штурму начатым самой независимой страной в этой галактике, на секретные швейцарские банки. Обе страны не намерены уступать. Доказательство? В Соединенных Штатах мне нужно только просто добраться до Делавэра, чтобы скрыть свои двенадцать долларов от дяди Сэма. Если вы не знали об этом, штат Джо Байдена[105] хранит финансовые тайны вкладчиков.

Теперь я должен вернуть себе самообладание. Триумфальная барабанная дробь по случаю

---

105 Джо́зеф Робине́тт Ба́йден — мла́дший — американский политик, член Демократической партии, 47-й Вице-президент США. Вступил в должность одновременно с Бараком Обамой 20 января 2009 года. До избрания вице-президентом был сенатором США от штата Делавэр

похоронного парада в Новом Орлеане в честь дерзкой речи Адама Смита, про обеспечение будущим поколениям средства от нищеты и страданий, и которую заставили смолкнуть здесь!

«Вы знаете, что вы алкоголик, когда вы путаете все... например, десятилетие».
— Пол Уильямс

Надеюсь, что к настоящему времени вы расшифровали подписку на подсознательные родительские рекомендации, которые я включил в введение книги, и, пожалуйста, помните, что явное содержание этого отрывка предназначено для снятия маски с Адама Смита и выявления ужасной стороны этого знаменитого шотландского моралиста и философа, пионера политической экономии. Последующие неблагоприятные ощущения, которые вы, вероятно, испытаете, включают тяжелую словесную диарею, и если мир начнет расплываться у вас перед глазами, не зовите экономиста или политика. Много чернил было пролито на непристойный образ жизни и несчастий Смита, но я считаю Смита вменяемым, чтобы предстать перед судом за его сверхъестественную способность мозга видеть будущее на тысячах страниц «Богатства народов». В одном шокирующем движении Адам Смит позорно скрыл свою научную приверженность честности и социальному прогрессу. Вес его ошибки сильно ощущаются в бредовом паркуре во всех сферах деятельности.

Говоря о деятельности…

Я помню день, когда моя жизнь перевернулась, как будто это было вчера. Впервые в жизни мне пришлось устроиться на работу. Если вам когда-либо приходилось отмывать катафалк за деньги, тогда вы понимаете этот холодок унижения, который, я чувствую, идет по позвоночнику, прямо сейчас, когда я пишу. Я пылесосил и мыл автомобили под неумолимым флоридским солнцем весь день за чаевые и четверть от законной почасовой минимальной заработной платы. Друг сжалился над моей разлагающейся душой и позвал меня работать на бензоколонку. Там я стал звездой, всегда оставляя пол чистым, а кулер заправленным после ночной смены. То, что я распинался там, не вытащило меня из черной дыры, где мне постоянно приходилось гоняться за пьяными ребятами из колледжа и открывать кассу под дулом пистолета, направленным мне в лоб. Случайно, один клиент восхитился моим пониманием положения в мире и рекомендовал меня в самый желанный офис столицы Флориды.

Я получил должность с зарплатой на тридцать центов выше минимальной заработной платы, но я был очень горд, перекладывая скрепки по восемь часов. Несмотря на то, что рабочая среда была так устроена, что наблюдатель, парень с юга ходил по коридору, как акула, каждый день, я с нетерпением ждал, когда начну работать, и воспользуюсь преимуществами статуса государственного служащего. Я наслаждался ритуалом отображения моего значка на виду, в результате люди обращались ко мне уважительно «сэр» или «мистер». В магазинах я получал похвалы и скидки, и выросло восхищение, которое я заслужил от африканского сообщества иммигрантов. Что еще более важно, это пластиковое удостоверение личности было магнитом для женщин в поисках человека, «который устроился в жизни». Я бесстыдно носил бейджик, даже на вечеринках и в клубах – без всякого стыда!

Даже после поднятия по карьерной лестнице, при постоянных спорадических моментах расизма со всех сторон, включая даже тычки от чернокожих, я никогда не чувствовал себя достойным своей зарплаты. Оглядываясь назад, я запаниковал, когда мне предложили более высокую должность в отделе, с зарплатой, которая превосходила мои фантазии, включающие двадцать долларов в час. Тогда я не знал, что мой ужас — это недавний знак триумфа фантастического, хорошо скоординированного механизма принуждения, основанного на богохульствах классических экономистов. Когда дело дошло до разработки фундаментальных принципов *Нового мирового порядка капитализма* и изменения курса социального равновесия человечества, Адам Смит пошел против рабочих и помог оправдать те же самые амбиции спекулянтов, которые он осудил в последнем абзаце своей одиннадцатой главы в книге *Богатство народов*.

Адам Смит считает заработную плату справедливым соглашением, по которому хозяин выплачивает достаточное вознаграждение рабочим. Важно отметить, что под хозяином подразумевается кто-то, кто диктует свои условия порабощенным рабочим в целом, вполне себе сильной и видимой рукой. Так же в обществе есть отвратительный консенсус, при котором, европейские страны делят мир и присваивают отдаленные обитаемые территории, как они считают нужным, и это катастрофически приводит к моментам истории, как тот, где Леопольд II захватил африканских земель в восемьдесят раз больше, чем его крошечное королевство... дальше мы знаем. Как мы можем продолжать оправдывать текущие зарплаты, основанные на том же старом понимании жизни и меры превосходства одной жизни над другой? Ничем не отличается положение рабочих, корпоративных танцоров гоу-гоу, от эпохи Адама Смита и заработная плата современных рабов по-прежнему рассматривается, как компенсация или подачка, и воля хозяина навязывается той же старой твердой рукой.

Существует универсальное и внеклассовое интуитивное чувство неудовлетворения и недовольства нашим нынешним моментом или состоянием, подстрекающее нас к физическому и/или психологическому удовлетворению. Доказательство в пудинге![106] Речь идет о всплеске популярности использования социальных сетей и обмена информацией на сайтах и в приложениях, таких как *Facebook* и *Instagram*, обращая *Amazon* и *Alibaba* в прах. Это ненасытное желание оценивать свой нынешний статус и сравнивать его с другими — не новое явление. Тем не менее, существующие экономические утверждения и модели решили игнорировать то, что корпорации стали действительно хороши в обхождении безразличия детей, взрослых и стариков. Это чувство, которое придало смелости Мансу Абу Бакру[107] переплыть океан, чтобы попасть на запад, и Чарльзу Дарвину[108] отправиться в пятилетнее путешествие на корабле Королевского флота Великобритании — Бигле, и заставило Сиддхартху Гаутаму[109] искать просветления, а Александра

---

[106] Новая поговорка, означает, что чтобы узнать что-то, нужно съесть пудинг.

[107] Аль-Мансур Сайф ад-Дин Абу Бакр ибн Мухаммад, известный как Абу Бакр аль-Мансур — мамлюкский султан Египта, правивший в 1340—1341 годах.

[108] Чарлз Ро́берт Да́рвин — английский натуралист и путешественник, одним из первых пришедший к выводу, и обосновавший идею о том, что все виды живых организмов эволюционируют во времени и происходят от общих предков.

[109] Бу́дда Ша́кьямуни — духовный учитель, легендарный основатель буддизма, одной из трёх мировых религий. Получив при рождении имя Сиддха́ттха Гота́ма / Сиддха́ртха Гаута́ма, он позже стал именоваться Буддой и Полностью совершенным буддой. Его также называют: Татха́гата, Бхагаван, Сугата, Джина, Локаджьештха

Великого[110] скакать через континенты, настолько зыбкое и зависящее от непредвиденных обстоятельств, что экономисты позволили себе отнести эту ловушку к чувству потребительства, а не расценивать ее, как желание узнавать новое.

После долгих часов работы над электронными таблицами в офисе я встретился с моей уставшей и разочарованной командой собутыльников в самом злачном баре города, за стаканчиком. Уведомление о выселении только что напомнило одному из моих друзей, которого недавно уволили, и он пропустил несколько ипотечных платежей, что он не владеет своим домом, теперь им владеет Банк Америки. Это был неудачник. Позвольте мне пролить свет на ошибочный гимн одной группы. Эмблематический[111] поиск вершины карьеры и денег, чтобы удовлетворить потребности, — это всеобщее желание. Мы пришли к выводу, что предпринимательство закодировано в ДНК немногих, а для остальных нас единственный способ законно достичь нашей утопической мечты — это самопожертвование. Чем быстрее мы поднимаемся на эту гору, тем счастливее становятся налоговые и долговые коллекционеры, но чем дальше,

---

[110] Алекса́ндр Македо́нский — царь Македонии из династии Аргеадов, выдающийся полководец, создатель мировой державы, распавшейся после его смерти. Взойдя на престол в возрасте 20 лет после гибели отца, Филиппа II, он подавил восстание фракийцев и заново подчинил Грецию, где были разрушены мятежные Фивы.

[111] Иносказательный

тем выше будет наше восхождение на вершину седьмого неба. Когда я пьяно восхищался количеством наград, которые получал на протяжении своей карьеры в качестве аналитика, я вдруг понял, что стал не только алкоголиком, но и трудоголиком. Увы, все, что у меня было после десяти лет погони за морковкой, как у ослика, — это стена, увешанная красочными бляшками!

«Поступки — это все, слава ничто».
— Иоганн Вольфганг фон Гёте

Во время моего детства в Заире, пока мои друзья летали за границу на отдых в Европе, моих двоюродных братьев и меня потащили на Рождество и Новый год на ранчо моих бабушки и дедушки в Нтамугенге, маленькой деревне страны, которая сейчас восточнее ДРК (Демократическая Республика Конго ). Я помню свою первую ночь там, где я узнал ценность спичкам. Это один из наиболее используемых объектов в деревнях Конго, и я долго завидовал изобретателю этого инструмента, которым дорожила моя милая бабушка, поскольку я предполагал, что изобретатель и его потомство стали богатыми из-за этого изобретения. Я мало знал о несчастной реальности Яноша Ирини. Будучи венгерским химиком в 1836 году, он смешал фосфор со свинцом и гуммиарабиком, вылил пастообразную массу в банку, окунул палочку в смесь и дал высохнуть. Он придумал спички. К сожалению, у него не было средств для производства его изобретения, поэтому бедный студент обратился к Иштвану Ромеру, богатому венгерцу, который купил изобретение и права на производство. Иштван Ромер стал еще богаче от ириньского изобретения, а сам изобретатель умер без гроша.

Одиозные преступления капитализма, с которыми мы стали слишком хорошо знакомы, оставляют длинный список постоянно растущих потерь на своем пути. Это безликие мужчины, женщины и дети, выпотрошенные ради цены на товар, если тот может приносить прибыль. Мы не обращаем внимания на многих изобретателей, которых использовали, как расходные дрова для поддержания движения паровоза. Никто не виноват в том, что греческий философский гений Сократ, умер сломленным, потому что он отказался брать оплату за обучение в Афинах молодых людей. Он отличается от американского изобретателя Фило Тейлора Фарнсворта, который изобрел современное телевидение, украденное Владимиром Зворыкиным, ученым из электронной компании R-C-A. Хотя Фарнсворт выиграл судебное дело, во многих книгах по истории Зворыкин все еще записан как изобретатель телевидения. Фарнсворт позже получил отчисление от R-C-A за свои патенты, но тот факт, что вы никогда не слышали о нем, демонстрирует, что он так и не получил признания, которое заслужил. Эта история гораздо менее трагична, чем история Никола Тесла, возможно, одного из самых блестящих ученых этого тысячелетия. Он тот парень, которого вам должно нравиться ненавидеть за свой грабительский счет за электричество. В конце жизни, в 1943 году, его тело нашли в комнате в гостинице *New-Yorker*, где он прожил последние годы после того, как его выселили из другого отеля за то, что он не оплатил счет.

Дело не в том, что у изобретателей есть злосчастная склонность натыкаться на непорядочных и жадных людей. Это это капиталистическая культура, построенная на двух столпах, которые были, есть и будут всегда: дешевая рабочая сила и нищие изобретатели. Эта ловушка патентов и средств на запуск стимулирует пресловутое незаконное обогащение ублюдков, таких как Грэм Белл, Альберт Эйнштейн, Томас Эдисон и Александр Флеминг, которые украли идеи Антонио Меуччи, Анри Пуанкаре, Никола Теслы и Эрнеста Дюшенна соответственно. Напомню, что североафриканские племена использовали пенициллин для лечения инфекций тысячи лет.

Основы, тренды, установленные Рокфеллером и Вандербильтом, с тех пор стали прибыльнейшей формой альтруистического поведения богатых «добродетелей». Кто посмеет нападать на того, кто держит огромное богатство, а затем смотрит вокруг и отдает половину? Разве это истина, что стремление к максимальному накоплению богатства так бесполезно? Вы думаете, что это эгоистично, заработать все это, затем осмотреться, открыть окна вашего дворца и бросить богатство, а потом смотреть, как простолюдины дерутся за него? В качестве альтернативы, это характерная особенность некоторых людей, которые чувствуют потребность схватить большой кусочек пирога, и играть в бога, диктуя, кого имеет смысл защищать и кого нужно спасать. Я озадачен, поэтому я призываю всех тех миллиардеров-хипстеров ответить на мои размышления о мотивах такого поведения.

В этой книге я нападал на спекулянтов, но я также признаю, что схема Понци[112] — ответвление капитализма, которое тоже охотится на богатых. До Бернарда Мэдоффа против финансовых жуликов выступал грозный игрок по имени Ивар Крюгер известный, как «Король спичек», шведский бизнесмен, который руководил гениальной схемой пирамиды, в которой он монополизировал большую часть мировой индустрии спичек. Когда его компания прогорела в 1932 году, богатые люди по всему миру потеряли миллионы на том, что назвали самым крупным банкротством Соединенных Штатов в то время. Этот экономический удар привел к принятию законов, требующих обязательных проверок всех компаний с

[112] Мошенническая инвестиционная операция, при которой оператор, частное лицо или организация, платит обещанный доход своим инвесторам за счет нового капитала, привлеченного оператором от новых инвесторов, а не из прибыли, полученной оператором.

котируемыми ценными бумагами. Пока мы говорим о схемах Понци, мы можем быстро заглянуть в 1979 год и посмотреть на случай с Альберто Виларом, который возглавлял инвестиционную консультационную фирму, которая выросла до стоимости в 1 миллиард долларов. К сожалению для него, крах фондового рынка 2000 года фактически стер его состояние. Но Вилар все еще был великодушным сторонником искусства и щедро раздал сотни миллионов долларов. Прежде чем вы почувствуете сожаление по поводу ублюдка, позже выяснилось, что Вилар украл деньги у своих клиентов, чтобы финансировать свои благотворительные позывы.

Вы когда-нибудь задумывались, сколько стран пострадали от воровства Бернарда Мэдоффа? Я собираюсь перечислить эти страны, начиная с наименее пострадавших, а вы считайте:

> США, Германия, Италия, Франция, Швейцария, Австрия, Испания, Нидерланды, Соединенное Королевство, Тайвань, Канада, Мексика, Бразилия, Аргентина, Чили, Уругвай, Парагвай, Венесуэла, Колумбия, Перу, Эквадор, Боливия, Гватемала, Панама, Коста Рика, Сальвадор, Гондурас, Никарагуа, Белиз, Казахстан, Грузия, Китай, Малайзия, Таиланд, Сингапур, Гонконг, Южная Корея, Филиппины, Индонезия, Вьетнам, Камбоджа, Австралия, Новая Зеландия, Индия, Пакистан, Кувейт, Объединенные Арабские

Эмираты, Катар, Бахрейн, Саудовская Аравия, Оман, Ливан, Турция, Южная Африка, Кения, Египет, Зимбабве, Замбия, Мозамбик, Ангола, Нигерия, Гана, Сенегал, Бенин, Кот-д'Ивуар, Либерия, Маврикий, Марокко, Алжир, Мадагаскар, Монако, Гибралтар, Андорра, Лихтенштейн, Нормандские острова, остров Мэн, Кипр, Мальта, Британские Виргинские острова, Бермудские острова, Багамские Острова, Кюрасао и Каймановы острова. И, чтобы сохранить место, сами добавьте в этот список несколько мелких стран Карибского острова и практически каждую страну, которая является членом Европейского Союза!

Капиталистическая составляющая социальной, коммерческой, торговой и политической антропофагии, перемолола некоторых из самых богатых людей. Вот, пожалуйста, посмотрите на Даниэля Дрю, современника Коммандора Кордолиуса Вандербильта в 19-м веке, который умер неимущим и жил на благотворительную помощь в церкви, с которой он начинал. Еще, Гораций А.В. Табор, который сделал миллионы на своих серебряных рудниках, но отмена Закона о покупке серебра[113]

[113] Закон, принятый 14 июля 1890 г. взамен Закона Блэнда-Аллисона, отмененного в тот же день. Этот закон уполномочивал Секретаря Казначейства приобретать ежемесячно 4,5 млн унций чистого серебра по рыночной цене с оплатой в форме казначейских билетов (векселей).

принесла ему неприятности: он был вынужден работать в почтовом отделении, чтобы свести концы с концами, он заложил землю. История, которая заставляет меня хихикать больше всего — это Джефферсон Дэвис, хозяин хлопковой плантации и 179 рабов перед гражданской войной. В результате войны ему пришлось принимать в дар деньги и еду от бывших рабов.

Сегодня скатывание богатых людей в нищету имеет эпические масштабы. В 2008 году глобальный финансовый кризис принес миллиардерам по всему миру возможность отлично заработать. В Исландии чистый капитал сети миллиардера Бьоргофуля Гудмундссона составляла 1,1 миллиарда долларов, но позже в том же году он стоил ровно ничего, а затем его посадили на 12 месяцев в тюрьму за мошенничество и растрату. Шон Куинн был самым богатым человеком в Ирландии примерно в то же время, что и Гудмундссон, с чистым состоянием около 6 миллиардов долларов. Три года спустя он тоже подал заявление о банкротстве. Посмотрим на Южную Америку: добавьте в эту кучу бразильского нефтегазового магната с собственными рудниками Эйке Батиста, чье состояние более 30 миллиардов долларов испарилось между мартом 2012 года и январем 2014. Не плачьте об этих бывших миллиардерах, которых я упоминал. Их тюремная форма является четким свидетельством того, как они накапливают богатство. Учет роста и падения их состояния бледнеет по сравнению с такими новаторами, как Селфридж, которого выпнули из фирмы, им созданной. На мгновение повернитесь на тангенс[114], найдите минутку и представьте, что среди этих возмутительных историй о быстром накоплении богатства и последующих заявлениях о банкротстве есть семьи белых и синих воротничков, чьи жизни были разорваны на куски.

Имейте в виду, я должен подчеркнуть, что социальная, коммерческая, торговая и политическая безжалостные схемы немилосердны ни к богатым, ни к бедным.

«Когда так много ученых в мире считают, разве не нормально, что те, кто умеет, мечтают?»
— Рене Том

Есть много причин, по которым я кричу и ругаюсь во сне. Позвольте мне озвучить свои опасения, если в один прекрасный день австралийско-американский бизнес-магнат Руперт Мердок решит воспользоваться непримиримостью экономистов всей планеты, и придумает телевизионное шоу, которое будет показывать смешные дешевые фотографии, оно затмит шоу Кардашьян. В настоящее время для беспечных математиков стало привычным быть гибкими в своей сфере, что сводится к безрассудному

---

[114]В тригонометрии: функция угла, равная в прямоугольном треугольнике отношению катета, лежащего против данного острого угла, к другому катету.

умничанью и трате потенциальных перспектив, а это приводит к тому, что теории, далекие от нынешней реальности, будут отмечены как научное развитие и получат желанные награды. Гуру и активисты, которые указывали на социальное, коммерческое, торговое, и политическое неравенство и избегали реальной проблемы, социальной, коммерческой, торговой и политической несправедливости, в конце концов могли бы получить Нобелевскую премию, но их инфантильные решения серьезной глобальной проблемы обесценили важность фактов, которые они лепили вместе. Человечество, порабощенное и развращенное, больше не способно воссоздать шаги капитализма или отказаться от катастрофического стандартного образа жизни, доводя себя до грани разрушения. Вопрос экономическим друидам: где здравый смысл производной Вальраса и Маршалла[115] в экономическом анализе? И учителей, которые признают абсурдность использования этого математического подхода к анализу взаимодействия на

---

[115] Вальрас и Маршалл выдвигали на первый план исследования микроэкономических проблем. По их мнению, только стихийный рынок способен установить «правильные» цены на товары и услуги, а через цены - «здоровые» пропорции производства. Считали, что буржуазное государство должно гарантировать неприкосновенность частной собственности и прибылей, обеспечивать устойчивость денег, соблюдение «правил конкуренции». Вмешательство государства может вызвать нарушение равновесия, снижение экономичной эффективности.

рынке и по-прежнему имеют наглость заставлять своих учеников использовать эти схемы, следует казнить.

Что можно сказать о нынешней двухпартийной системе вознаграждения? Я советую друзьям, знакомым и противникам не тратить время на бессильный протест синих воротничков, поскольку он в настоящее время бесполезен. Борьба за повышение минимальной заработной платы только укрепляет идею о том, что нейроны «этих людей» (термин, используемый моим братом Мишелем), которые раскладывают товар на стойках *Walmart*, или «тех людей», которые упаковывают и собирают для вас жареные деликатесы, в забегаловках, заслуживают только минимум питательных веществ, потому что их работа не может сравниться с силой мозга, необходимой для работы на административном уровне. Волнующая дискуссия о заработной плате отвлекает внимание от гиперболически милых и изящных пошлин, созданных для «питания» служащих, членов совета директоров и акционеров современных корпораций.

Дикое количество миллионеров и миллиардеров в Китае и тот факт, что Луанда, столица Анголы, обогнала Токио, как самый дорогой город в мире, по праву воспринят, как доминирующая форма «столкновения интересов» и угроза. Во времена процветания, капитализм — лучшая система накопления богатства для спекулянтов и политиков, позволяющих этим бандам кидать кости среднему классу, пока те, в свою очередь ослепляют и связывают массы. Нужно ли говорить, что происходит, когда щедрость пиратов ослабевает? Это называется «реструктуризация компании». В первый раз, когда я услышал этот термин, я наивно считал, что каждая должность остается неизменной, а рабочих просто переведут. Страшная истина заключается в том, что рабочих выбрасывают за борт в море безработицы и в челюсти быстрого кредитования и ломбардов.

Если это звучит для вас, как акт капитуляции, то вы ужасный читатель. Адам Смит и его товарищи романтизировали злодеяние буржуазного землевладельца о том, как относиться к другим людям и эксплуатировать их, выжимая ресурсы, и используя их знания и навыки, как свои производственные ресурсы. И это же хорошо и здорово. Эта точка зрения по-прежнему популярна, по причине того, как наше общество рассматривает рабочих. Я спрошу читателя, кому вы больше благодарны, когда лечите свою бабушку? Капиталистам, которые финансируют клинику и новаторские технологии? Или врачам, которые тратили время, чтобы продлить ей жизнь? И вот вам правильный ответ: и тем, и другим. Удивлены? Вы, вероятно, предполагали, что я один из тех иррациональных антагонистов свободного рынка. Придержите разочарование или радость, потому что вы, возможно, окажетесь правы. Пожалуйста, расслабьтесь и, если сможете, сдержите свои слезы разочарования и не сдавливайте виски. *Вас ждет одно из самых захватывающих парапсихологических шоу вашей жизни.*

ГЛАВА ТРИНАДЦАТАЯ

# Абракадабра

«Если вы хотите быть настоящим искателем истины, необходимо, чтобы по крайней мере один раз в своей жизни вы подвергли сомнению, насколько это возможно, все вокруг вас».
– Рене Декарт

В шаббат я провожу время, просматривая свою еженедельную ленту памяти и четко оцениваю каждое действие и момент, которые я пережил. Согласны вы или нет, мир не остановится, если все будут так поступать. Преимущества саморазвития и переоценки наших предыдущих действий и мыслей не в том, что вы меняете мнение, а скорее, в том, что нужно уточнить свои аргументы. Вернемся к предыдущей главе. Я размахивал железной дубинкой над наследием Адама Смита, как будто это была груша со свастикой, или он был преинкарнацией фюрера. Как лояльный релятивист[116], я, конечно, говорил вещи, словно я совершенный грубый абсолютист. Тем не менее, я оставляю за собой право действовать, как сукин сын, не поясняя предыдущие высказывания, но проведу вас через эту главу, аккуратно заводя дискуссию.

Чтобы понять мышление и эпоху Адама Смита в перспективе, объем книги «Богатства народов» является признаком, того, что это безукоризненное исследование его времени. Будучи профессором философии, он занимался вопросами политической экономии, психологии, политики, морали и этики, а также изучал проблему взаимодействия между различными искусствами и науками. Еще Смит жил в то время, когда мир был забит доказательствами, основанными на фактическом невежестве, и в Англии, где клика отдельных социальных классов и слоев белой жизни была бесконечно выше относительно других белых людей, не говоря про другие расы. Без углубления в магматический центр смеси Смита, эти факторы не полностью разъясняют классификацию заработной платы Смита, которая маскирует обессиливание и дегуманизацию трудящегося класса — обычная ошибка слепых идеологов.

---

116 Релятиви́зм (от лат. relativus — относительный) — методологический принцип, состоящий в метафизической абсолютизации относительности и условности содержания познания.

Теперь я могу смотреть на себя в зеркало и не стыдиться. А вот группе, которую я не уважаю, стоило бы — марксистов и их сторонников, которые категорически отказываются признать, что их изумительный создатель глубоко содействовал разврату социального, коммерческого, торгового и политического анализа, назвав заработную плату премией безземельным людям. Эта точка зрения отражает эпоху Маркса и Смита, ну, или дает близкое представление о действительности в то время. То же самое можно сказать о времени Михала Калецкого[117], в котором его модель представляет собой клубок двух заклятых врагов, Маркса и Кейнса. Его главный аргумент в том, что спекулянты отвечают за тесто, тогда как трудящийся класс изображен, как импульсивный покупатель. Попытка разобраться дальше в теории эксплуатации труда Карла Маркса или модели Калецкого только снова будет вас злить и запутывать. Меня смущают и пост-кейнсианские экономисты, которые все еще строят свою линию атаки и модели на ложном основании, основанном на высмеивании рабочего класса. Я вижу, почему Нассау Сениор, Адам Смит, Карл Маркс и Михал Калецкий, и еще несколько люмпен-интеллигентов, сформулировали эти атакующие модели, которые увековечивали социальную, коммерческую и торговую и

---

[117] Польский экономист левых взглядов, специалист в макроэкономике. Большую часть своей жизни преподавал в Варшавской школе экономики.

политическую антропофагию. Несмотря на то, что они являются продуктом определенной эпохи, нашему поколению по-прежнему необходимо призвать их к ответственности за то, что они сделали с нашими душами, сдвинув чашу весов в пользу спекулянтов, дав концепцию, которая по-прежнему преобладает среди консервативных экономических ученых.

Чарльз Гудиер, изобретатель вулканизованной резины, и Гридли Брайант, который изобрел железнодорожный вагон, умерли в нищете. Неправильно думать, что большинству из этих изобретателей не хватало знаний, чтобы заключить правильную деловую сделку для себя. Ужасающие озарения, которые я получаю от ударов по социальной нормальности, и моя совесть — это столп моего цинизма. Если что-то выглядит как утка, плавает, как утка, и крякает, как утка, это может быть не утка, а умная ловушка. Разве вы не поняли, что я сомневаюсь почти во всех и во всем? Однако, если и есть что-то, в чем я уверен, это в способности моего поколения исправить этот социальный, коммерческий, торговый и политический беспорядок.

Все мировые телевизионные новости были наполнены ужасающими фотографиями голодающих детей в Нигере, кипящим гневом Ку-клукс-клана, направленным на иммигрантов, беспощадными бандами Сальвадора, мятежниками в Мьянме, и этот список можно продолжать и продолжать. Даже несмотря на то, что эти ошеломительные социальные судьбы проистекают из естественного капиталистического однобокого механизма накопления богатства, мне было так же мерзко, как и вам должно быть, что еще нет однозначного средства. Чтобы найти его, мне пришлось вернуться во времени, чтобы выловить два ключа к моему возмущению и необходимости нового глобального мышления.

«Вы никогда не измените что-то, сражаясь с существующей реальностью. Чтобы что-то изменить, создайте новую модель, которая сделает существующую модель устаревшей».
— Р. Бакминстер Фуллер

Я провел пять лет в католической школе-интернате иезуитов, где мы все должны были проходить ежегодный курс изучения Библии. Никто не упоминал историю Лилит, первой женщины, которая была создана Богом в то же время и из той же глины, что и Адам. Ее выгнали из Эдемского сада за то, что она отказалась лежать под Адамом во время полового акта. Затем появилась Ева, которая была создана из одного из ребер Адама. Она поддалась искушению змея и съела запретный плод с дерева познания добра и зла, чтобы улучшить то, какой Бог сделал ее, и стать всезнающей, и она разделила плод с Адамом. Бог яростно выгнал диссидентских[118] существ

---

[118] Инакомыслящих

из Эдемского сада, и их потомство унаследовало их проклятие на грядущие поколения. В каждой цивилизации можно найти похожие мифические рассказы о происхождении человеческого рода. Эти же факты упоминаются в книге Бытия, в еврейской Библии и в исламской традиции. Это то, что происходит в коммерции и торговле? Если феодализм — Лилит, тогда капитализм — Ева. Столп капитализма (США) обманул монетаристов, дав им откусить от денег (запретный плод), которые открыли врата ада (накопление долговых обязательств, превосходящих национальную ценность), а остальная часть мира вскоре повторила это. Это конец нашего существования?

Существует увлечение тайной ложей свободных масонов[119], основанное на их «по рассказам» жутких ритуалах. Есть легенда об одном из их ритуалов третьей степени, кандидат изображает Хирама Абиффа в церемонии. Хирам Абифф был известен как Великий Магистр в храме Соломона, который хранил секреты Мастера Масона и получал заработную плату намного выше, чем другие рабочие. Три недовольных каменщика (Джубела, Джубело и Джубелум) обратились к Хираму и потребовали секреты мастера Масона. «Жизнь, или секреты», — угрожали они.

---

119 Движение, появившееся в 1717 году в виде тайного общества. Этика и философия масонства опираются на монотеистические религии, на древние конституции вольных каменщиков, их регламенты, статуты и уложения.

Хирам ответил: «Мою жизнь вы отнять можете, мою преданность — никогда». Когда они не смогли получить секреты от Хирама Абиффа, они убили его. Хирам охотно отдал свою жизнь, и не предал доверие Мастера Масона. Когда преступники были схвачены и приговорены к смертной казни, желание Джубелы состояло в том, чтоб его горло перерезали, и вытащили язык. Джубело хотел, чтобы его левую грудь разорвали, и его сердце выклевал гриф. А Джубелум попросил, чтобы его тело разорвали, а его кишечник сожгли дотла и рассеяли по четырем ветрам. Царь Соломон[120] должным образом исполнил эти желания. Масоны с тех пор вспоминали эти желания в наказаниях, предписанных за нарушение их клятв. Эта драматическая сцена является первым шагом в освещении того, что капитализм строился на людях, которые являются частью гильдии, в которой ограниченное число людей владеют средствами «производства». Было строго контролируемое небольшое количество учеников, а остальное – неграмотная масса. В этом злобно непроницаемом цикле даже ученики должны были соглашаться на длительную работу за низкую заработную плату,

---

120 Третий еврейский библейский царь, правитель объединённого Израильского царства в период его наивысшего расцвета. Сын царя Давида и Вирсавии, соправитель Давида в первые два года своего царствования. Во время правления Соломона в Иерусалиме был построен Иерусалимский Храм — главная святыня иудаизма.

поскольку работодатели понимали, что торговля навыками является средством «производства», а также угрозой их контролю над рабочими.

Я расстроен, что вульгарная классификация зарплаты Адама Смита и махинации Нассау Сениора все еще твердо контролируют современные инновации и социальный прогресс. Предшественником капитализма была структура, в которой семьи обменивали свои излишки урожая на другие товары. Как мы дошли до цикла самопожертвования, который мы знаем сегодня? Ну, ответ имеет отношение к происхождению заработной платы и тому, как ее рассматривали. Этот квест должен переносить ваше воображение в средние века, когда Фландрия121 была центром текстильной промышленности. Когда Фландрию зажали растущие цены на шерсть Палестины, они обратились к своим английским соседям. И угадайте что? Английские феодалы увидели во Фландрийском желании шерсти возможность накопить огромное богатство. Эта жадность начала использовать лавины крестьянских земель, превращая целые населенные деревни в овечьи хозяйства. Даже не думайте, какой длительный эффект на человечество оказало то, что крестьяне лишались средств для выращивания своей собственной пищи — это распад бедной английской социально-экономической системы безопасности. Вместо этого, пожалуйста,

---

[121] Пять северных провинций Бельгии, где говорят на нидерландском языке. Является субъектом федерации.

выделите красным маркером, что это злобное чудо английского крестьянина отдало класс людей во власть богатых, которые в то время владели средствами «производства», в то время как этот расцветающий «рабочий класс» должен был выживать, работая за заработную плату. Это второй признак капитализма.

И что за сок можно выжать из этой смеси? Адам Смит был дьявольски прав в своем восприятии заработной платы, поскольку безумие Гитлера расцвело от вынужденного социального, коммерческого, торгового и политического опустошения Германии после Первой мировой войны. Вопреки наивному предсказанию Адама Смита, деньги в сговоре с землевладельцами неуклонно сокращали выплату заработной платы рабочему классу, делая невозможным возвращение бедных в крестьянское хозяйство или стать снова самодостаточными.

Что изменилось с тех пор? Ничего. Тем не менее, во всем мире, жадность спекулянтов (капиталистов и землевладельцев) превзошла все пределы, и в поисках большего богатства они случайно открыли доступ рабочему классу для получения высшего образования и профессиональной подготовки. Например, начинающий врач должен оплачивать медицинскую подготовку и проходить через годы дедовщины, программы выживания и экзамены, чтобы квалифицироваться, как семейный врач, навык, однажды зарезервированный для нескольких «правильных» родословных. То же самое касается анестезиологов. Кроме того, конкуренция заставила их разработать академическую систему плюрализма[122], многие департаменты и отделы, которые были немыслимы десятилетия назад. Эта революция стянула шляпу со старых табу и стала переломным изменением. Я, например, был по обе стороны в процессе найма, который называется «собеседование». Я уверяю, и это ни для кого не секрет, что потенциально работу можно получить, если вы грамотны, образованы и опытны, потому что компании нанимают людей на основе определенных критериев к умению и опыту.

Возвращаясь к примеру, если вы лечите бабушку, я бы посоветовал вам отправить большую благодарственную карточку крупным капиталистам за кулисами: инфраструктуре, медицинским работникам и дворникам в медицинском центре. Каждая партия сыграла решающую роль в том, чтобы обманывать вас во время этого волшебного трюка. Если вы все еще не можете услышать кларнет в оркестре, то я открыто заявляю, что ни капиталисты, ни землевладельцы, ни рабочие, ни поставщики не являются гостями на рынке — они все покупатели! Касательно этого, в комнате

---

[122] Философская позиция, согласно которой существует множество различных равноправных, независимых и несводимых друг к другу основ или форм бытия, а значит и форм знания и методологий познания. Плюрализм занимает оппонирующую позицию по отношению к монизму. Термин «плюрализм» был введён в начале XVIII в.

всегда бывает более одного человека, который горько указывает на это запутанное предположение: «Мы все, на самом деле, покупатели», и они влезают в утомительную дивертирующую[123] дискуссию о налогах, правилах и классовой войне. Вы бы ударили меня в лицо, если бы я сказал, что мне все равно, предоставляют ли компании медицинскую помощь сотрудникам? Все равно. Я не только уклоняюсь от дебатов об увеличении минимальной заработной платы, но я настаиваю на том, что проводить время с семьей, друзьями и противниками лучше, чем тратить время на эту тему. Это одна из нескольких уловок, которыми пользуются капиталисты из инстинкта самосохранения, чтобы успокоить социальные восстания. Нет необходимости в интересных умопомрачительных математических объяснениях разделения капиталистов, землевладельцев и рабочих в потребительской кастрюле, потому что это не корень нашего нынешнего социального, коммерческого, торгового и политического рака.

Скажем, джентльмен нанимает вас, чтобы доить двух его коров за галлон молока в неделю. Через десять лет число его коров увеличилось на десять. Используя быков, увеличение производства молока и субсидии производителей молочных продуктов, он купил трактор для расширения деятельности на своей ферме. К тому времени вы наняли помощника, женились,

---

[123] Отвлекающий

родили детей, и теперь у вас пять человек, которые живут на одну зарплату. Если это непропорциональное распределение излишков происходит во всем сообществе, небольшая пассивная группа будет накапливать сыр (буквально), в то время как остальные будут активно двигаться в пропасть. Несбалансированность неразумна для тех, кто находится внизу и разумна для тех, кто находится наверху, и это причина неизбежных вспышек неудовлетворенности класса, таких как в Ливии при Муаммаре Каддафи, которая с тех пор превратилась в невообразимый кошмар. Забудьте о схеме прибавок, время от времени, унции молока увеличиваются в оплате труда или рабочим даются страховки, что подталкивает их к тому, чтобы они несправедливо предъявляли счет всему обществу. «И что делать?» — готов поспорить, кричите вы. Мой ответ заключается в том, чтобы переосмыслить то, как мы рассматриваем систему вознаграждения классов в отношении естественной дуальности между капиталистами, землевладельцами и рабочими.

Притормозите, и, наконец, охватите контекстную и фактическую разницу между мерзкими свойствами капитализма и реальностью двадцать первого века. Ваше высокомерие не должно мешать вам согласиться с неоспоримым фактом, что мы теперь покупаем и владеем нашими индивидуальными средствами, что мы участвуем или вовлекаемся в развитие корпораций. О чем я говорю? Если вы сжигаете свои легкие на турецком угольном разрезе или занимаете должность представителя службы поддержки клиентов в Индии или калеки-сборщика налогов в Гондурасе, вы решили ввязаться или вовлечься в поддержку корпораций. Поэтому риски и последствия неудачи в такой корпорации справедливо распределены по всему спектру. Это более очевидно, когда бизнес закрывается, ведь капиталист не единственный, кто попадает под удар, рабочий, который рискнул работать в этом бизнесе, больше, чем другие, страдает, возвращаясь в очередь безработных.

Теперь вы должны кивать, соглашаясь с тем, что теперь мы, больше, чем в любой период человеческого существования, владеем нашими средствами, каким-либо образом поддерживая корпорации, а риски разделяют и капиталисты, и землевладельцы, и рабочие. Поэтому вознаграждение каждой стороны должно основываться на процентной доле, которую я буду называть теперь излишком. Я хотел бы взять на себя ответственность за такое видение, но идея восприятия фиксированного соотношения не нова. Этот подход не должен быть незнакомым и для вас — это близко к продажам за процент. Проверьте государственные налоги — их ставки указаны в процентах. Я считаю, если это подходит для некоторых секторов и правительств, это должно быть хорошо для всех нас.

Вы думаете, что я не в своем уме, добавляя сомнений, которые можно воспринимать, как дополнительную головную боль для ресторанов быстрого питания или семейных магазинов, чтобы рассчитывать зарплату своих сотрудников? Именно здесь вступают в игру чудеса человеческого стремления изобретать и двигать технологические границы за пределы воображения простых смертных. Если вы выбежите на свой задний двор прямо сейчас, вы сможете увидеть Джозефа Алоиса Шумпетера[124], который скачет с голой задницей на белом коне. Нетрудно понять, если кто-то смог придумать машину, которая направила ракету в палатку «повстанца» посреди пустыни (в него, обычно, не попадают, но убивают его невинных жен и детей) почему бы не быть машине, которая может рассчитать двухнедельную зарплату сотрудника Макдональдса? Кратковременное неудобство оптимизирует и оживит многие отрасли, включая бухгалтерию. Это лучшее средство от вопиющего глобального неравенства, которое перекликается с социальной, коммерческой, торговой и политической несправедливостью.

Такая революция мышления изменяет старый способ распределения богатства и требует новых дебатов. Что еще более важно, колебания заработной платы решают проблему удерживания цен, что, как нам кажется, сдерживает классовую напряженность.

---

[124] Йóзеф Алóиз Шумпéтер — австрийский и американский экономист, политолог, социолог и историк экономической мысли. Популяризировал термин «созидательное разрушение» в экономике и термин «элитарная демократия» в политологии.

Такие изменения — это фальшивые самопожертвования капиталистов, потому что чем больше денег вокруг «хочуизма», инвестиций и наращивания, тем кошмарнее это для ленивых экономистов, потому что они изгоняют все устаревшие теории (например, рыночную очистку), за которые те цепляются до сих пор.

«Делать новый шаг, сказать новое слово – вот что больше всего пугает людей».
— Федор Достоевский

Мы с женой недавно познакомились с веселым парнем, у которого рак поджелудочной железы. «Как вовремя вляпываться в чью-то жизнь», — подумал я. Когда я скептически смотрел, как семья и друзья воют вокруг него, мне казалось, что люди эгоистично напоминают ему, что его жизнь угасает. По иронии судьбы, один или два человека, которых он знал, которые, казалось, были в лучшей форме, чем он, умерли раньше. Теперь, прежде чем вы подумаете, что я самый худший человек, который когда-либо писал книгу, у меня есть оправдания, для того, чтобы воспринимать таким потрясением этот болезненный маскарад. Мать Тары умерла от рака молочной железы. Мне пришлось наблюдать, как змеиная улыбка моего отца исчезает и он превращается в самого заботливого человека во Вселенной. Он снова стал собой, когда преодолел рак. Я привык к невежественным группам людей, которые громко скандируют, что нужно извлекать уроки, если ты стал свидетелем смерти друга или члена семьи, и что каждый момент в жизни имеет значение. Вы должны быть полным придурком, чтобы не знать, что жизнь — это опыт, а не искусство. Справедливости ради, я недавно был одним из тех идиотов. Вы, наверное, все еще им и являетесь! Я знаю, что сделал больше, чем должен был, когда не побоялся потерпеть неудачу и не испугался жизни. Теперь, когда я слышу этот сигнал еще отчетливее, я дошел до конца в своем списке. И застрял на этой последней задаче, теперь вы мне нужны.

Я вижу капитализм как леди, которая хочет выглядеть вечно молодой и привлекательной в глазах ее многочисленных дружков-шизофреников. Несмотря на бесчисленные операции груди, чрезмерное использование солярия и дорогостоящие инъекции ботокса, она выглядит чудовищно жутко, а не молодо. Но ей везет, потому что никто из ее бойфрендов не может заметить ее сильно обгоревшие ноги. Они подсели. Любые капиталистические фанатики, пожалуйста, расслабьтесь! Новая экономическая форма автоматически не отменяет устаревшую систему. Она предоставляет альтернативу (я подмигиваю). Давайте возьмем быка за рога, мы не можем упрямо кататься на каникулярном пароме капитализма вечно.

В мире, где уменьшается отдача, вы должны хорошо понимать, как закручивается маржинальная прибыль[125]. Почему нам неудобно, когда нам дают еще одно яблоко или когда тратим дополнительный доллар на что-то, это не имеет никакого отношения к счастью, а скорее связано с ненужностью этих двух товаров. Если у вас желудок, как у меня, вы наедитесь одним яблоком. Чем больше яблок вы получаете, тем сильнее у вас чувство вины от перенасыщения или бесполезности. Цель накапливать богатство – это жадность. Кому-то с десятью долларами в кармане, кто знает, что их меньше, чем нужно, чтобы что-то с ними можно было сделать, легче отдавать доллар. Но этот сценарий не для миллиардеров, для которых потеря доллара уводит его/ее из высшего класса статуса миллиардера. Что я кричу здесь? Маржинальная полезность[126] равна моральной стоимости, которая выражается чувством вины или чувством нехватки.

Почему у нас нет настоящей полноценной альтернативной системы капитализму? Ну, многие раковые больные не знают о других методах лечения, кроме традиционной троицы: болезненных операций, лучевой и химиотерапии. Сегодня в коммерции существует параллельное незнание (я намеренно убрал «и торговле»). Время от времени я использовал

---

[125] Разница между выручкой от реализации и переменными затратами

[126] Дополнительная полезность (utility), получаемая индивидом от потребления дополнительной единицы товаров или услуг.

термины «бизнес», «предприниматель», «фирма», «валовой внутренний продукт», «производственная отрасль», «индустрия услуг», «монополия» — это капиталистический жаргон, и все эти термины корпоратизма были использованы, чтобы избавить читателя от головной боли и не дать вам, ребята, заблудиться в лабиринте моего ума. Я использовал эти термины, потому что они сильно встроены в глобальную культуру. Слово «торговля» столь же смехотворно, как и «бартер», потому что ни люди, ни народы больше не торгуют. Теперь мы производим больше с меньшими затратами, чем можем переработать, продаем и покупаем больше. Если вы подумаете о миллиардах долларов, потраченных во всем мире на маркетинговые схемы и исследования, и разработки продуктов, вам покажется, что это оспаривает мнение, что целью бизнеса является только максимизация прибыли для своих акционеров. В некотором роде, это закрепляет идею о том, что основная цель состоит в том, чтобы пробиться сквозь равнодушие потенциальных покупателей.

Хорошо, читатели, самые серьезные проблемы, с которыми сталкиваются люди первого, второго и третьего мира — это не что иное, как скудная зарплата белых и синих воротничков во всей их полноте. Я знаю, что вы, вероятно, злитесь, что я немного запутал вас, как мальчик-с-пальчик, поззволяя вам поверить, что я согласился с основным диагнозом больной развивающейся страны и назначил плацебо для развития. Я прошу прощения. Но по-честному, продолжили ли бы вы читать эту книгу, если бы я сказал вам правильное средство для каждого народа? Я так не думаю. Настоящее средство — понять новую глобальную тенденцию и понять *Этосизм*. Эта парадигма выходит за рамки традиционных границ. Несомненно, высшее образование имеет жизненно важное значение для прогресса и помогает сделать больше из того, что нам нужно и чего мы хотим, с меньшим количеством людей и меньшим экологическим бардаком, но только в теории. Сильная приверженность образованию сама по себе не может помочь развивающимся странам догнать самые инновационные экономики современного мира. Там вы найдете интеллектуалов любого калибра. Они в основном являются первосвященниками на службе параноидальных фараонов. Что дает ключ обедневшим странам к возможности подняться вместе с остальным развивающимся миром, который, в свою очередь, в конечном итоге выгоден для развитых стран? Это не демократия. Вообще, это инклюзивность[127] (политическая свобода — это крошечная ее часть), которая открывает страну для инновационной культуры, корпоративной культуры. Только тогда эти неуклюжие страны могли бы адекватно развивать узкоспециализированные малые и средние предприятия.

[127] Включение кого-либо, чего-либо в общую картину, в какое-то множество.

Мы с вами прошли через хорошее и плохое. Я ошеломлен, что вы так надолго остались. Браво! Давайте переведем эти абстрактные отношения на следующий уровень доверия. В начале этого нового путешествия я положил конец сарказму и отложил терминологию корпораций далеко на полку памяти. Сегодня во всем мире у молодых и старых людей есть общая идея, что дорогостоящее высшее образование больше ничего не значит. Этот ложное чувство. Тот факт, что капитализм не предназначен для поддержки большого числа людей, которые владеют средствами вовлечения, участия или взаимодействия, и что является глобальной реальностью двадцать первого века, в основном игнорируется.

Подъем капиталистической парадигмы отражал социально-политические нормы и динамику капитала, обусловленную феодализмом. Он был замечен Адамом Смитом и хорошо описан Карлом Маркс (кстати, Карл Маркс был вторым человеком, который придумал термин «Капитализм»). В то время как социализм и коммунизм были энергичными, социальными, коммерческими, торговыми и политическими движениями повстанцев, они неизбежно потерпели бы крах, потому что оба они производили модели, ориентированные на человека, но наложенные на глубоко укоренившиеся капиталистические общества. В восемнадцатом веке капитализм преследовал феодализм и с тех пор легко поглотил большую часть мира. Появляются новые социальные нормы и ориентированная на человека реальность, но нам еще предстоит найти консенсус и осознать, что двадцать первый век ведет более сильный мировой драйв, этосизм, который легко пинает капитализм и освобождает нас.

История рассказывает, что *IBM* застряла в своих деловых рамках, и не смогла увидеть прекрасную возможность, а затем совершила харакири — *Apple* и *Microsoft* вскочили в седло корпоративной модели, они предвидели роль корпорации, которые породили молодых миллионеров-гиков. Китайские подростки делают нокаутирующие устройства *Nokia* из запчастей, которые продаются на всех рынках Шэньчжэня и вызывают у гигантских производителей сотовых телефонов панику. Глобальная тенденция заставила кого-то в Мозамбике смело написать роман, и одним щелчком покорить мир электронных книг. Скоро появится комплект для печати пистолета или цепи ДНК в домашних условиях. Как насчет того, чтобы заказать логотип вашей компании у фрилансера в Пакистане на *Fiverr.com* и получить его на следующий день, дешевле, чем ждать его от переоцененного и дорогого «Виньеллис[128]», и больше не забивать себе голову? Вы смотрели видео Саата Шахида Назира *(One Pound Fish Man)*? Вы умеете танцевать, как дети гетто? В

[128] Массимо Виньилли был итальянским дизайнером, который работал в нескольких областях: от дизайна упаковки до дизайна предметов интерьера и мебели, до публичных вывесок и дизайна салона. Он был соучредителем Vignelli Associates, со своей женой, Леллой.

Уганде учитель математики разместил на *YouTube* видео, на котором танцуют дети, превратив их в мгновенную национальную и международную сенсацию, делая будущее этих детей и их семей менее мрачным. Вы забронировали номер с помощью *Airbnb* или заказали такси с помощью услуг *Uber*? Пользуетесь *Couchsurfing.org* в Латинской Америке? У вас есть учетная запись на биткойне? Покупали что-нибудь на *Alibaba.com*? Купили эту книгу онлайн? Если ваш ответ «нет» на все эти вопросы, то вы должны танцевать под *ABBA*, или трясти своей полуголой задницей в отдаленном племени амазонок. Для всех остальных, вы понимаете, что вы часть корпораций, и у вас есть средства для участия или взаимодействия, чтобы пробиться сквозь равнодушие клиентов к их продуктам или услугам.

Мне нравится, что сегодняшний корпоратизм все больше похож на мираж, старый способ маневрировать вокруг торговых троп, который дает полную силу спекулянтам, унижая других игроков рынка. Число частных групп, готовых отправить спутник и туристов в космос, бьют космические программы всех развитых стран, и это явное свидетельство того, что организационная структура, относящаяся к двадцать первому столетию, которая преследует династии капитализма — это корпорации. Корпорации — это ключевой термин, который я собираюсь использовать, в остальной части этой книги. Поскольку мы с вами сегодня разделяем одну и ту же планету, мы должны иметь общее мнение о том, что коммерческие мамонты, сосредоточенные на моделях корпоративизма, умирают и поглощаются корпорациями. Очень волнующе чувствовать это захватывающее открытое взаимодействие. Теперь вам должно быть ясно, что в этой социально-политико-экономической форме этосизма, в настоящее время нормализующейся, так как смешиваются рыночные агенты, а мощи свободного рынка капитализма просто токсичны. Если вы пропустили, я использовал термин «взаимодействие» вместо рынка, последнее уже давно перестало быть актуальным.

Еще раз, я потрачу время, чтобы громко и ясно обратиться к вашей совести, что каждый участник корпорации несет взвешенный риск, вкладывая свои индивидуальные средства в участие, вовлечение или взаимодействие. Есть много признаков того, что молодые этосистские концепторы, дирижеры и кураторы приспосабливаются к этой, казалось бы, хаотичной реальности. Тот факт, что теперь действия коммерции в основном представляют собой коллаж из индивидуальных средств, и существование неприкосновенной естественной дуальности между рабочими, землевладельцами и капиталистами, номинальное вознаграждение с любой стороны не имеет никакого смысла. Совершенно справедливо, что для каждого участника корпорации зарплата — это процентная доля от излишка (прибыль). Этосисты от Силиконовой долины до деревень Малави, успешны из-за участников корпораций, формы труда, концепции или производства. Концепторы и проводники корпораций XXI века изобретательно избегают ловушки патентов и начального капитала, из-за которых гений, такой как Уолтер Шо[129], умирает в нищете один или в группе людей, от которых зависит.

При раскрытии новой формы преобразования продаж и покупки продуктов и услуг, корпорациям, практикующим этосизм, следует руководствоваться доходами, прибылью и заработной платой, которая отличается от отраслевых компонентов капитализма, ограничивается производством и обслуживанием. Вы, должно быть, спрашиваете, о чём я говорю? Сейчас я вам спокойно объясню эту хаотичную и смелую новую мировую структуру.

Характеристики предприятий, основанные на доходах, создают объект, неважно, кресло или компьютерное программное обеспечение в его наиболее упрощенной форме: это действия, которые приводят к производству. Сальдо, выручка, должна быть получена из справедливой цены или стоимости создания и/или модификации одного или нескольких материалов с активным участием трудящихся с пассивным или активным участием денежных средств

---

[129] Уолтер Л. Шо-старший был американским инженером и изобретателем телекоммуникаций, который столкнулся с его работодателем над владением его идеями. В результате он ушел и, в конечном итоге, предоставил мафии черные ящики, способные делать бесплатные и беспроблемные телефонные звонки.

и либо пассивным, либо активным участием землевладельцев, чтобы воплотить в жизнь пассивную или активную идею концептора[130] в жизнь.

Прибыль ведущих корпораций складывается из продажи произведенных продуктов, продажи предметов или услуг, обслуживания или доставки предметов или услуг. Прибыль, доход, должен быть из-за колебания рыночной цены (пределы от справедливой цены и естественной цены) на аукционе продуктов, которые не меняют своей ценности при активном участии рабочих и с пассивным или активным участием денежных средств и пассивным, либо активным участием землевладельцев для воплощения в жизнь идей пассивных или активных концепторов. Когда я говорю, что эти действия не меняют ценности продукта, мне приходит пример с обедом хозяина ресторана. Приготовленные свиные ребрышки, могут быть результатом незаконно убитой свиньи на кухне – надо определять рациональность идеи.

Последнее преимущество этосизма заключается в том, что наемные или некоммерческие предприятия являются государственными службами и благотворительными организациями. Эти предприятия генерируют излишки, взносы (например, налоги) или пожертвования (например, благотворительность), непосредственно из активного

---

130 Здесь: автор идеи

участия рабочих и пассивного или активного участия кураторов для приведения в жизнь одной или нескольких инициатив пассивного или активного общества.

В чем разница между концептором, проводником и куратором? Идеи концептора защищены патентом, тогда как идеи куратора — это товарный знак. Куратор является хранителем общественного благосостояния. Судя по прагматизму западного правительства и агрессивному развитию их родных стран, разве правительства не слишком сильно мутируют, в слишком большие, чтобы потерпеть неудачу, гражданские корпорации?

Итак, подведем итоги:

Доходное предприятие генерирует излишки путем привлечения средств со стороны. Поэтому все выплаты вовлеченным сторонам должны быть в процентах от выручки.

Прибыльное предприятие генерирует излишек путем участия сторон. Все выплаты участвующим сторонам должны быть в процентах от прибыли.

Некоммерческие предприятия генерируют излишки путем привлечения средств со стороны, однако все выплаты сторонам должны быть фиксированной заработной платой. Цель государственного сектора заключается не в том, чтобы создать излишек для любой стороны, участвующей в этом предприятии, а скорее для воплощения общих общественных программ социального обеспечения, таких как строительство дорог, поддержание постоянной армии или оказание помощи менее удачливым.

Тем не менее, этот глобальный новый порядок нуждается в еще нескольких ингредиентах, которые рассматриваются, как альтернатива капитализму и принимаются учреждениями (пожалуйста, примите их). Нет сомнений, что это ответ на социальную, коммерческую, торговую и политическую неудовлетворенность. Это должно в конечном итоге покончить с масштабной игрой в кошки-мышки между прибыльной процентной доходностью инвестиций и пинтированной[131] номинальной заработной платой. Для этого требуется разделение между секторами. Предприятия должны быть разграничены по следующим критериям: либо (1) основаны на доходах, либо (2) основаны на прибыли, либо (3) некоммерческие.

Вы поняли, почему я не часто пишу в Интернете? Ну, его роль в глобальной революции преувеличена. Я никоим образом не пытаюсь уменьшить интернет-фактор, но это коммуникационное нововведение не

---

[131] Здесь: маленькой

является душой новой экономической эры и взаимодействия. Он обеспечил прозрачность, которая укрепила появление Этосизма.

«Змея, которая не может бросить свою кожу, умирает. Также ум, который не может изменить свое мнение, перестает быть умом».
— Фридрих Ницше

Я вспоминаю мою детскую одержимость алхимией, как это называли в средневековье, как ключ к превращению обычного камня в золото. Я хотел создать этот блестящий металл не из-за его вида, а для покупки новой планеты для бедных детей и детей с которыми жестоко обращались. У меня была такая же надежда, когда я занимался экономикой, но, как и алхимия, она стала смесью белой магии и необоснованных теорий, приправленной суевериями. Существуют параллели, которые можно быстро провести между алхимией и экономикой. Усилия алхимиков были неверно направлены, главным образом, классическими греческими философами, которые утверждали, что все вещества состоят из четырех основных элементов: воздуха, земли, огня и воды. Экономисты утверждают, что все рынки состоят из четырех основных элементов: цены, количества, спроса и предложения.

Скептик-химик Антуан-Лоран Лавуазье решил, что химические реакции, происходящие во время дыхания у животных, такие же, как и горение. Его теория горения разрушила научный договор. И похоронила раз и навсегда алхимию и ее бесполезные изыскания. У меня не было таких данных про экономику, когда я поступал в колледжи и университеты по обе стороны океана. Я встречаю гневных, бредовых, гниющих гуманоидов, наполняющих головы детей (сволочные попугаи) чистым мусором. Непоследовательность всего экономического схоластического режима[132] ставит под вопрос всю структуру теорий и социально-политических средств, которые доминируют в повседневной жизни. Падения и обвалы сами по себе демистифицируют идеологию предсказаний экономической науки.

Отделы экономики не только заполнены пожилыми белыми мужчинами с плохими зубами или старыми, смешно говорящими индийцами. Среди этих учителей я столкнулся с интеллектуальными сиамскими карликами, китайцами, сердитыми черными американскими женщинами и сексуальными хищниками из Африки, все извергали проповеди из того же сатанинского Корана. Там, где алхимики потерпели неудачу, экономистам до сих пор частично удавалось придумать эликсир бессмертия. После того, как Хикс[133] отменил временный метод общего

---

[132] Схоластический – оторванный от жизни.

[133] Сэр Джон Ричард Хикс — английский экономист. Лауреат Нобелевской премии 1972 года «за новаторский вклад в

равновесия, неопределенность стала невероятной, но общее равновесие и маргинализм все еще господствуют над экономикой.

«Дайте мне свободу или убейте меня!»
— Патрик Генри

Я резко критиковал крысиную стаю новопомазанных экономистов из-за их неспособности адекватно разрешить глобальное неравенство, ограничивая обсуждение вопросов распределения в контексте интересов капиталистов. Тем не менее, эти так называемые научные, красиво окрашенные таблицы просто доказывают, что капитализм делает именно то, что он должен был делать: создает излишек и концентрирует огромные богатства в руках небольшого класса безжалостных спекулянтов. Но не обманывайтесь их рассказами и обоснованиями социального, коммерческого, торгового и политического неравенства, которые имеют принципиально ошибочные предпосылки или просто их крокодиловы слезы.

Трудно получить схоластические достоинства в области, где производство безумного оправдания мусора экономически эффективно, неудачи корпораций преподносятся, как ошибка в бизнесе, и оправдываются убывающей доходностью, а любители

---

теорию общего равновесия и теорию благосостояния». Представитель неокейнсианства.

деревьев (экологи и природоведы) трезвонят дни и ночи о стабильности, закрывая глаза на алчных и кровожадных тиранов. Высокомерный способ преподавания в ортодоксальных институтах ничем не хуже в сравнении с индоктринацией[134] и дедовщиной в немногих сохранившихся неортодоксальных программах. Тем, кто пытается плыть в обе стороны, я могу сказать, что вы просто растрачиваете мятежный дух против статус-кво. Эти мастера массового манипулирования скрывают логические заблуждения и несогласованности, чтобы науськивать слепых сторонников и ярых противников друг на друга и наблюдать, как они сражаются до смерти. Недостаточно запретить эти бесполезные сражения с гладиаторами или изгнать этих самопровозглашенных Цезарей — нам крайне нужна новая дисциплина.

Экономика страдает от нелепой какофонии. Что, если мы откажемся от идеи переосмысливать экономику и вообще избавимся от нее? У нас достаточно сил для таких перемен. Давайте вместе сделаем что-то хорошее для человечества и начнем с изучения квантовой парадигмы, чтобы мы производили, трансформировали, продавали, покупали и, что еще важнее, видели и делили излишки (сотрите слово коммерция из сознания), прежде чем вас и меня выбросят за борт, далеко за борт!

---

[134] Передача фундаментальных положений системы верований

# Небесная высота

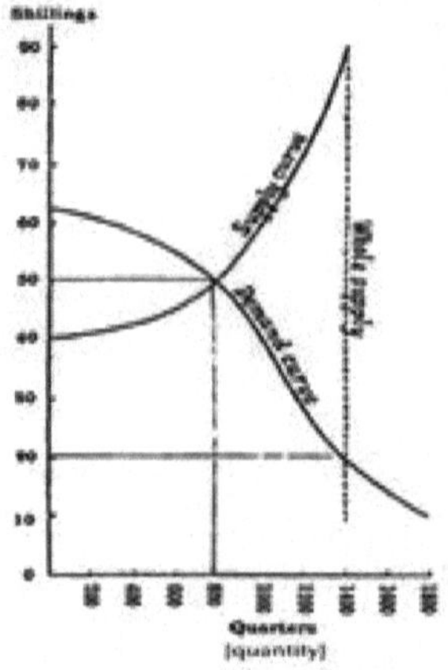


A

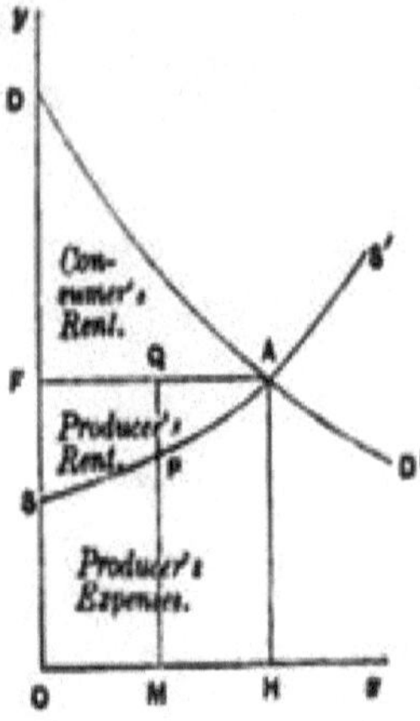


B

А если я спрошу вас, в чем разница между графическим представлением законов предложения и спроса в А и В, вы ответите? Ну, раз вы не можете, слушайте. После изучения работ Антуана-Августина Курно[135], Карла Рау[136] и Ханса фон Мангольда[137], к

135 Французский экономист, философ и математик.

136 Немецкий экономист. Рау воспринял некоторые идеи классической буржуазной политической экономии, особенно принципы свободы торговли и развития промышленности. Однако в работах, касающихся вопросов экономической политики немецких государств, оправдывал отдельные положения меркантилизма, необходимость государственного вмешательства в экономику.

137 Немецкий экономист, автор теории предпринимательской прибыли.

сожалению, Маршалл[138] и его ученики все еще имеют смелость отрицать достижения Флеминга Дженкина[139], который использовал перекрестную диаграмму в печати в 1870 году, прежде чем Маршалл опубликовал ее в своей «Чистой теории стоимости» (1879), а затем в «Принципах экономики» (1890). Более шокирующим является количество концепций (например, ценовая эластичность спроса и предложения, сравнительные статистические анализы, связанные с изменениями кривых, увеличением и уменьшением издержек, анализом налоговой зависимости, треугольниками потерь благосостояния и неэффективностью распределения монополий), которые приписывается Маршаллу или его лучшим ученикам.

Мы с вами не собираемся тратить время на это противоречие, потому что классические графы справедливо изображали простоту капитализма в то время. Эти понятия будоражили поколения отпрысков Маршалла, одержимых желанием объяснить рынок: другими словами, заставляя случайную корреляцию подключаться к равновесию при объяснении рынка. Сегодня этот подход не должен господствовать над нашими реалиями

---

138 Английский экономист, один из основоположников неоклассического направления в экономической науке, представитель её кембриджской школы. Был одним из немногих среди классических экономистов, кто обратил внимание на малые предприятия и на предпринимательство уже в конце 19 века.

139 Англо-шотландский инженер, экономист, преподаватель, филолог, критик, актёр, драматург и художник, Королевский профессор инженерии в Университете Эдинбурга, отличался своей универсальностью.

двадцать первого века. С этой целью я собираюсь увлечь ваш разум новыми прогнозами, которые учитывают реальный мир и нынешнюю доминирующую черту этосизма, и конкретные взаимодействия.

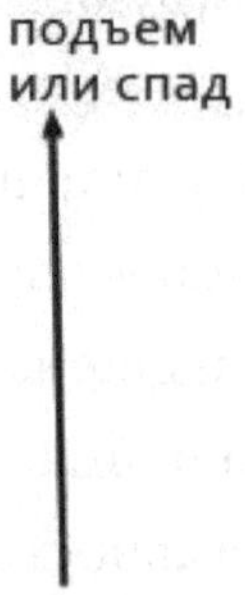


рис. 1

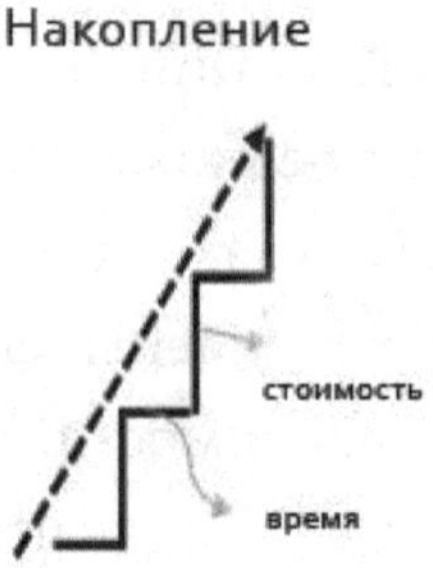


рис. 2

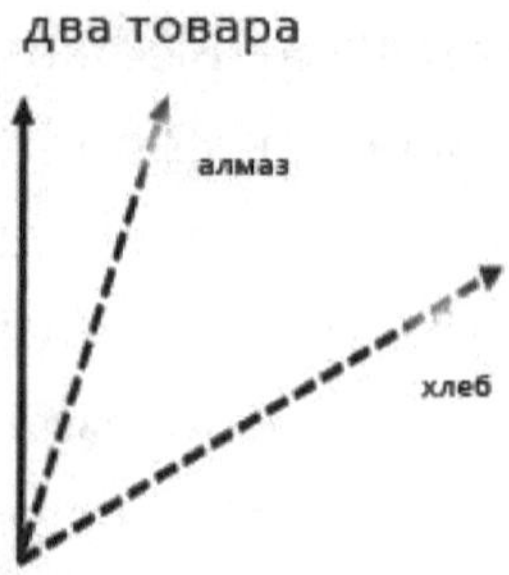


рис. 3

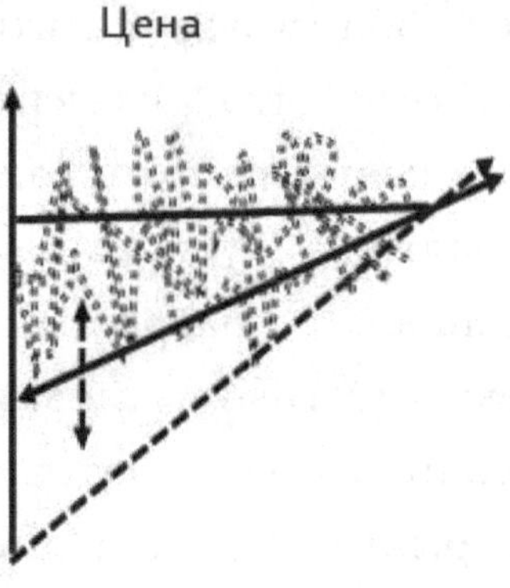


рис. 4

модель рынка 1

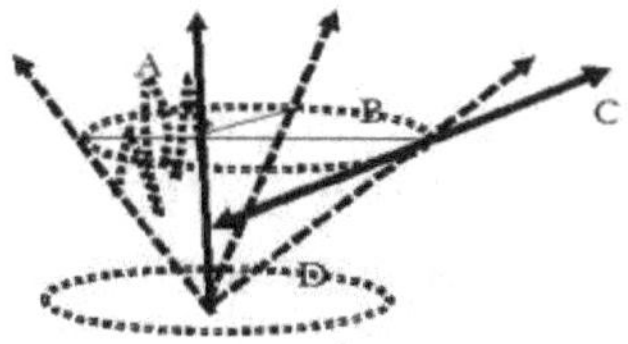


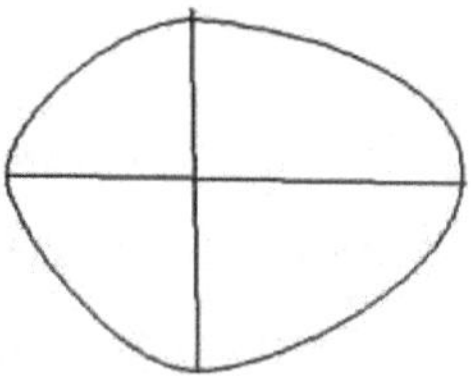

рис. 5

A Рыночная цена
B Естественная цена
C Текущая цена
D Естественное состояние

Взаимодействия

Модель больницы

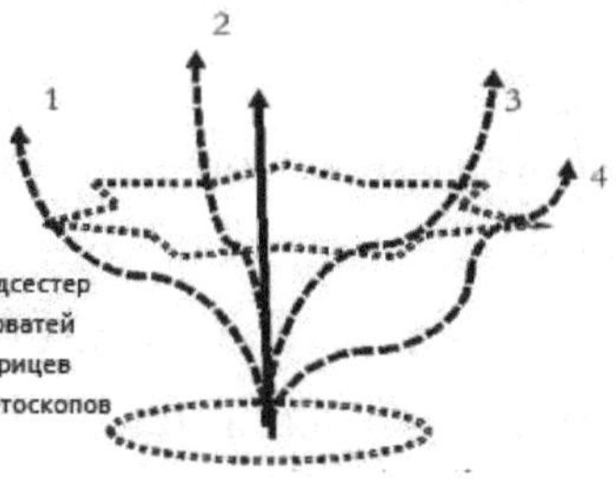


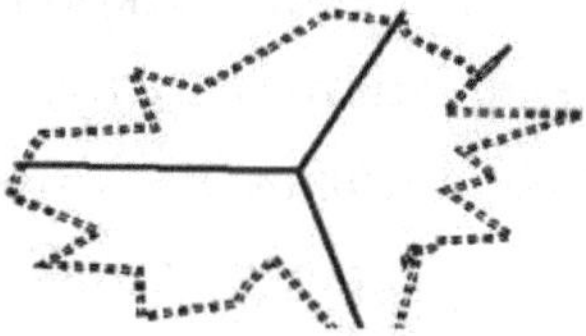

Рис. 6

1. Количество медсестер
2. Количество кроватей
3. Количество шприцев
4. Количество стетоскопов

# Полный круг

В какой-то момент жизни я понял, что ад моих путешествий не убивает меня достаточно быстро, и я решил следовать основной цели в жизни: создавать позитивную разницу. Эта книга не для того, чтобы повлиять на будущее и не имеет цели стать литературным шедевром, эта книга — попытка придать импульс и заставить читателей пошевелить мозгами.

Я не мог закончить эту книгу, не вычистив свой шкаф тщательно, ну, конечно, не так, как поет Эминем. Пока я писал эту книгу, я боролся со своим страхом и эго. К моему удивлению, я катался на этих диких американских горках, чтобы оказаться там, где я случайно начал: в жизни людей, которые мне действительно дороги. Когда я лью каждую из этих строк прямо из моего изорванного сердца, я не могу не плакать – слезами радости и боли!!!

Дорогая Бидетти (моя мама): Мой план в том, чтобы показать тебе то, что я понял.

Крис и Матиас: Я надеюсь, когда-нибудь вы сможете простить меня.

Ле Вю (мой папа): Пой со мной «Что происходит…»

И, наконец, Тара (моя крепость): Я ценю.

# Заметки

Abuse, Poverty. "Migration: Investigating migrants' motivations to leave home in Burma." *Thailand: Karen Human Rights Group* (2009).

Allen, Robert C. *The British industrial revolution in global perspective*. Vol. 1. Cambridge: Cambridge University Press, 2009.

Adeoti, G., 2006. 3| Narrating the green gods: the (auto) biographies of Nigerian military rulers. *Intellectuals and African Development: Pretension and Resistance in African Politics*, pp.49–65.

Alter, Shannon. "Marketing, Gangnam Style: making a first impression before your first impression." *Journal of Property Management* 78, no. 1 (2013): 14–15.

Androutsos, Georges. "De l'onanisme à la masturbation. Une note historique." *Andrologie* 15, no. 1 (2005): 71.

Anzovin, Steven. *South Africa: Apartheid and Divestiture.* Vol. 59, no. 1. HW Wilson Company, 1987.

Ardıc, N., 2012. Understanding the Arab Spring: Justice, dignity, religion and international politics. *Afro Eurasian Studies, 1*(1), pp.8–52.

Arndt, Heinz Wolfgang. "Economic development: a semantic history." *Economic Development and Cultural Change* 29, no. 3 (1981): 457–466.

Arthur, Bacon. *The abstinence theory of Nassau Senior and its critique by Eugen Von Bohm Bawerk*. No. 199201010800017589. Iowa State University, Department of Economics, 1992.

Avery, B. J. E., Todd P. Siebeneck, and Robert P. Tate. "Gross domestic product by state: Advance statistics for 2010 and revised statistics for 2007 2009." *Washington, DC: US Bureau of Economic Analysis* (2011).

Barwah, Mahama. "The Effect of IMF Programs in Sub Sahara Africa: Does IMF Intervention Achieve

Macroeconomic Stability and Economic Growth." *The Case for Sub-Sahara Africa. Saarbrucken: LAP Lambert Academic Publishing* (2011).

Bavinck, M. and Jyotishi, A., 2014. Land, law and resistance: legal pluralism and tribal conflicts over land alienation in Odisha. In *Conflict, Negotiations and Natural Resource Management* (pp. 89–112). Routledge.

Bloom, Ken. *Routledge Guide to Broadway*. Routledge, 2013.

Alexander, Michelle. *The new Jim Crow: Mass incarceration in the age of colorblindness*. The New Press, 2012.

Blaug, Mark, and Howard R. Vane. "Who's Who in Economics, 4th edn, Cheltenham, UK and Northampton, MA." (2003).

Blumenthal, Karen. *Six Days in October: The Stock Market Crash of 1929; A Wall Street Journal Book for Children*. Simon and Schuster, 2002.

Boo, Katherine. *Behind the beautiful forevers: Life, death, and hope in a Mumbai undercity*. Random House Trade Paperbacks, 2014.

Borodina, Svetlana, Oleg Shvyrkov, and Jean-Claude Bouis. *Investing in BRIC countries: evaluating risk and governance in Brazil, Russia, India, & China*. McGraw hill, 2010.

Bourne, Richard. *Lula of Brazil: the story so far*. Zed Books Ltd., 2008.

Bowley, Marian. *Nassau Senior and classical economics*. Routledge, 2013.

Benedict, Linda Foster. "The Great Deluge: Hurricane Katrina, New Orleans, and the Mississippi Gulf Coast." *Journal of Applied Communications* 90, no. 1 (2006): 8.

Bruckberger, R. "The Stork and the Jewels." (1951).

Chang, HaJoon. *Bad Samaritans: The myth of free trade and the secret history of capitalism*. Bloomsbury Publishing USA, 2010.

Cheah, Joseph, and Grace Ji-Sun Kim. *Theological Reflections on «Gangnam Style»: A Racial, Sexual, and Cultural Critique*. Springer, 2014.

Coleman, William. "Gauging economic performance under changing terms of trade: real gross domestic income or real gross domestic product?." *Economic Papers: A journal of applied economics and policy* 27, no. 4 (2008): 329–342.

Creedy, John. "Demand and exchange in economic analysis." *Books* (1992).

Cruz, Anastasia C., and Mrs Linn. "South Korean Getaway."

Drucker, Ernest. *A plague of prisons: The epidemiology of mass incarceration in America*. New Press, The, 2013.

Eichstaedt, Peter. *Consuming the Congo: War and conflict minerals in the world's deadliest place*. Chicago Review Press, 2011.

Ekelund Jr, Robert B., and Robert F. Hébert. *A history of economic theory and method*. Waveland Press, 2013.

Falke, Cassandra. *Intersections in Christianity and Critical Theory*. Springer, 2010.

Foster, James E., and Amartya Sen. "On economic inequality." (1997).

Garnier, Germain. "Germain Garnier Correspondence." (2008).

Gettings, Christine Nicole. *Burma's enigmatic dictator: The consolidation of Senior General Than Shwe's power*. American University, 2008.

Goldthorpe, J. E. "The sociology of post-colonial societies." *Cambridge Books* (1996).

Greif, Avner, and Murat Iyigun. "What Did the Old Poor Law Really Accomplish? A Redux." (2013).

Greenhouse, Steven. "US Retailers See Big Risk in Safety Plan for Factories in Bangladesh." *The New York Times* 22 (2013).

Grey, Vivian Hoffman. *The Chemist Who Lost His Head: The Story of Antoine Laurent Lavoisier*. Coward, McCann & Geoghegan, 1982.

Grovum, Jake. "Another round of food stamp cuts in states." *USA Today* (2014).

Hoppit, Julian. "Corruption, Party and Government in Britain, 1702–1713. By Aaron Graham. Oxford Historical Monographs. Oxford University Press. 2015. xv+ 305pp.£ 65.00." *History*101, no. 347 (2016): 613–614.

Heo, Uk, and Terence Roehrig. *South Korea since 1980.* Cambridge University Press, 2010.

Hochschild, Adam. *King Leopold's ghost: A story of greed, terror, and heroism in colonial Africa*. Houghton Mifflin Harcourt, 1999.

George, Reisman. "Capitalism: A treatise on economics." *Jameson Books* (1990).

Gandhi, Aditi, and Michael Walton. "Where Do India's Billionaires Get Their Wealth?." *Economic and Political Weekly* (2012): 10–14.

Girard, Philippe R. "Sleeping Rough in Port-auPrince: An Ethnography of Street Children and Violence in Haiti." (2008): 201–205.

Jaffe, Meryl. "Departing The Text Blog, February 3, 2013." *Accessed August* 11 (2014).

Jenkin, Fleeming. *The Graphic Representation of the Laws of Supply and Demand,*. London school of economics and political science, 1931.

Jordan, Grant. *The British administrative system: Principles versus practice*. Routledge, 2002.

Joyce, Peter. "Namibia: Land of Contrast." *Cape Town: Struik*(1996).

Klitgaard, Robert E., Ronald MacLean Abaroa, and H. Lindsey Parris. *Corrupt cities: a practical guide to cure and prevention*. World Bank Publications, 2000.

Lassalle, Ferdinand. *What is Capital?*. New York Labor News Company, 1900.

Kaisary, Philip. *The Haitian revolution in the literary imagination: radical horizons, conservative constraints*. University of Virginia Press, 2014.

Kuhn, Thomas S. *The structure of scientific revolutions*. University of Chicago press, 2012.

Madsen, Axel. *John Jacob Astor: America's First Multimillionaire*. John Wiley & Sons, 2002.

Mallett, Margaret. "Beatrice's Dream: A Story of Kibera Slum." *The School Librarian* 59, no. 2 (2011): 110.

Marshall, Alfred, and C. W. Guillebaud. *Principles of Economics. 9th (variorum) ed*. Macmillan, 1961.

Marshall, Alfred. *The pure theory of foreign trade: The pure theory of domestic values*. Augustus M Kelley Pubs,1930.

McElvaine, Robert S. *The great depression: America, 1929 1941*. Broadway Books, 1993.

Morgan, Giles. *Freemasonry*. Oldacastle Books, 2012.

Niehans, Jürg. *A history of economic theory: Classic contributions, 1720–1980*. Baltimore: Johns Hopkins University Press, 1990.

Ott, Thomas O. *The Haitian Revolution, 1789–1804*. Univ. of Tennessee Press, 1973.

Pande, Rekha, ed. *Globalization, Technology Diffusion and Gender Disparity: Social Impacts of ICTs: Social Impacts of ICTs*. IGI Global, 2012.

Pelle, Stefano. *Understanding emerging markets: building business BRIC by brick*. Sage, 2007.

Piketty, Thomas. "About capital in the twentyfirst century." *American Economic Review* 105, no. 5 (2015): 48–53.

Pound, Reginald. *Selfridge: a biography*. Heinemann, 1960.

Obsession, Red, and Wine Industry. "Book and Film Reviews." *Journal of Wine Economics* 8, no. 3 (2013): 355–360.

Ricardo, David. *Principles of political economy and taxation*. G. Bell, 1891.

Robbins, Baron Lionel Robbins. *Wages: an introductory analysis of the wage system under modern capitalism*. Vol. 6. Jarrolds, 1926.

Rothbard, Murray Newton. *An Austrian perspective on the history of economic thought*. Ludwig von Mises Institute, 1995.

Rubin, Isaak Illich. "Abstract labour and value in Marx's system." *Capital & Class* 2, no. 2 (1978): 107–109.

Schwarz, Richard W. "Dr. John Harvey Kellogg as a Social Gospel Practitioner." *Journal of the Illinois State Historical Society (1908–1984)* 57, no. 1 (1964): 5–22.

Senior, Nassau William. *An outline of the science of political economy*. W. Clowes and sons, 1836.

Schneider, Erich. "Hans von Mangoldt on price theory: a contribution to the history of mathematical economics." *Econometrica: Journal of the Econometric Society* (1960): 380–392.

Joseph, Schumpeter. "History of Economic Analysis." *New York* (1954).

Schumpeter, Joseph A. *Capitalism, Socialism, and Democracy. 3d Ed*. New York, Harper [1962], 1950.

Smith, Adam. "The Wealth of Nations: The Economics Classic-A selected edition for the contemporary reader." *Chichester: Capstone* (2010).

Sothern, Billy. *Down in New Orleans: Reflections from a drowned city*. Univ of California Press, 2007.

Stanwick, Peter, and Sarah Stanwick. "The garment industry in Bangladesh: A human rights challenge." *Journal of Business & Economic Policy* 2, no. 4 (2015): 40–44.

Stearns, Peter N. *Encyclopedia of European social history from 1350 to 2000*. Vol. 6. Scribner Book Company, 2001.

Steytler, Nico. *"The Freedom Carter and Beyond:Founding Principles for a Democratic South African Legal Order."* *JS Afr. L.* (1992): 753.

Strong, Bryan, Christine DeVault, Barbara Werner Sayad, and W. L. Yarber. *Human sexuality: Diversity in contemporary America*. Mayfield Pub., 1999.

Tertrais, Bruno. *Uranium from Niger: A key resource of diminishing importance for France*. DIIS, 2013.

Thobejane, Tsoaledi Daniel, and Takayindisa Flora. "An exploration of polygamous marriages: A worldview. " *Mediterranean Journal of Social Sciences* 5, no. 27 P2 (2014): 1058.

Tilly, Charles. "The Crowd in History. A Study of Popular Disturbances in France and England, 1730–1848." (1968): 296–302.

Tissot, Samuel Auguste David. *L'onanisme, dissertation sur les maladies produites par la masturbation*. Vol. 4. Chez P. Fr. Didot le jeune, 1770.

Totten, Michael J., David Schenker, and Hussain Abdul Hussain. "Arab spring or Islamist winter? Three views." *World Affairs* (2012): 23–42.

von Böhm-Bawerk, Eugen. *Capital and interest: A critical history of economical theory*. Macmillan and Company, 1890.

Wedeman, Andrew Hall. *Double Paradox*. Cornell University Press, 2012.

Whately, Richard. *Introductory lectures on political economy*. 1855.

Wilson, Richard. *The politics of truth and reconciliation in South Africa: Legitimizing the post-apartheid state*. Cambridge University Press, 2001.

Wood, Geoffrey. "Business and politics in a criminal state: the case of Equatorial Guinea." *African Affairs* 103, no. 413 (2004): 547–567.

Worden, Nigel. *The making of modern South Africa: conquest, apartheid, democracy*. John Wiley & Sons, 2011.

Witness, Global. "The secret life of a shopaholic: how an African dictator's playboy son went on a multi million dollar shopping spree in the US'." *London: Global Witness* (2009).

Zivi, Karen, and Anna Marie Smith. "Welfare Reform and Sexual Regulation." *Politics & Gender* 4, no. 4 (2008): 661.

# И наконец

На протяжении всего этого путешествия, если я не упомянул вашу страну или не процитировал ваше имя, я все равно надеюсь, что в моих примерах вы смогли как-то узнать себя в лицах и рассказах, которые я описал.

Покойся с миром, Секимонио Мугеманий Матиас (мой милый дедушка) и Нтегуй Мурекатете Софи (моя веселая бабушка)

Мама Винсента, Винсент и я

Kolibri 360 GmbH
Ferdinand-Jühlke-Straße 7
99095 Erfurt, Deutschland
produktsicherheit@kolibri360.de

Druck:
CPI Druckdienstleistungen GmbH
im Auftrag der
Kolibri 360 GmbH
Ferdinand-Jühlke-Str. 7
99095 Erfurt